印證《江上秋文集》

「感謝財團法人高雄市文化基金會補助出版！」

印證：江上秋文集

江上秋著

文學叢刊

文史哲出版社印行

國家圖書館出版品預行編目資料

印證：江上秋文集 / 江上秋著. -- 初版. -- 臺北市
: 文史哲,民 90
面; 公分. -- (文學叢刊 ; 116)
ISBN 957-549-349-4 (平裝)

855 90003119

文學叢刊 ⑯

印證：江上秋文集

著 者：江 上 秋
出 版 者：文 史 哲 出 版 社
登記證字號：行政院新聞局版臺業字五三三七號
發 行 人：彭 正 雄
發 行 所：文 史 哲 出 版 社
印 刷 者：文 史 哲 出 版 社
臺北市羅斯福路一段七十二巷四號
郵政劃撥帳號：一六一八〇一七五
電話 886-2-23511028・傳真 886-2-23965656

實價新臺幣 二四〇元

中 華 民 國 九 十 年 三 月 初 版

ISBN 957-549-349-4

序

春華出書了，這是她從事文字工作三十多年來，第一本文集，就時間言，似乎太遲，就空間言，最近十來年，她在創作方面幾乎交了白卷，不可諱言的，家庭因素扼殺了她在文壇的發展。

十六歲就在報刊發表作品，她的散文，被前輩作家詡為空靈婉約、用字精鍊，在這本集子裡，選錄了一篇她早年的作品，讀者如果讀完全書，一定可以找得出這篇充滿「少女情懷」的佳作。

她愛好文學，散文、小說、報導文學均為兼擅，尤其是一度風行的「極短篇」，著力甚深。說來也是另一個感慨，或者說是遺憾，她的「極短篇」素材，都足以構成一篇中篇或短篇小說，但是，她創作力最豐沛的年月，卻因為工作和家庭，忙碌不堪，一些傑作，是在午夜無眠的時刻，硬「擠」出來的，所以成了「極短」。

由一個愛好文學的人，又幹上了新聞工作，成天與文字為伍，倦怠感的產生是必然的事，偏偏她的所愛，又是一個「百無一用」的同道，也和她一樣，靠搖筆桿為生，加之我們有五個子女，為了生活，為了孩子的前途，我們必須遷就現實，不能完全向創作傾斜。儘管如此，春華卻寧願犧牲自己，做一名沒沒無名的文字工作者，但對我則寄以厚望，我在文藝界曾經做過「逃兵」，擱筆十年而無絲可吐，他替我買好派克鋼筆、稿紙，逼我重新坐上書桌，最近二十年，我出過五本書，得過多次獎，幾乎都是源於春華的激勵，我們曾經自豪地說過：我們所買的房子，一磚一瓦都是靠一個字一個字堆積起來的。我們的孩子都成材，這也是她多年來苦口婆心教導的成果，我和孩子都衷心地感謝她。

然而，她的犧牲也是很大的，為了維繫家庭的生活，她必須丟下最熱愛的創作，去為五斗米而折腰，但即使時光能夠倒流，相信我們還是會選同樣的道路，因為我們必須承擔自己的責任。

春華幾乎放棄了創作，是很值得惋惜的一件事，我承認，春華的作品並不是百分之百的完美，但她有一個特色，就是在作品中充分體現了人性關懷。對這個社會，她也有許多不滿，但是反映在她作品中的是一貫保持著溫柔敦厚的風格，即使是評論性的作品，也都避免以辛辣的面目出現。這與她為人處事的態度是一致的——說理而不動情緒。如果她在過去二十年的歲月中繼續創作的話，相信她的作品一定會更爐火純青。可惜的是，在我們家庭中有了一位賢妻良母，卻使文壇失去了一位作家。

這本文集的出版，曾經歷一段「難產」的過程，主要原因是一部份作品發表當時未及剪存，重新找過大費週折，偏偏在這一段期間，又是我們公私兩忙的時候，最後，終於在頗為倉促的情況下完成，又得到高雄市文化基金會的獎助，才得以問世。

雖然出版得遲了些，但也可以從整體的作品中，看出她創作的「旅途」，真的是艱苦備嘗，點點滴滴的心血化成了一篇篇的作品，其中況味，連我這個和她共同生活了幾十年的「伙伴」，都無法體會。這本集子收錄的文章，先後刊登於聯合文學、中央日報、聯合報、中華日報、新生報、臺灣時報、大華晚報及臺灣新聞報。

我從事文藝創作五十餘年，從不曾為知交好友寫序，但是這本文集，是我和春華的共同果實，她指定我必須替她寫序，當然，我不能辭，也不該辭，爰作序如上。

周嘯虹　八十九年十二月於二隨齋

印證《江上秋文集》目錄

序 一

第一輯

孔雀 1
爪・牙 4
伊人 7
窗邊的故事 10
傳家之寶 13
變奏 16

瘋女　19
墓碑　23

第二輯

印證　27
櫥窗　28
十年　30
萬里潮音　32
且泛舴艋舟　35
交換舞伴　39
下午茶　41
長尾巴的日子　44
紅塵之外　47

畫像 50
燈的傳奇 53
雁字 54
方印表寸心 59
春暖花又開 60
阿財的菜攤 64
外婆的錦囊 68
兩位堅強的女性 71
巧婦 74
單身女郎雙人床 77
華筵路邊開 81
現代化的集市 84
三都絮語 88
母親的感謝 99

第三輯

牽緊妳們的手　101
何來雅賊　104
法官之威　107
期待「呂錦花」　109
愛河之舟　112
天空微笑了嗎　114
痴官美夢　117
獮猴哀歌　120
抬轎的，留神！　123
現代女性　125
機器人辦公　128
文化孤寒　130

老美的人情味 133
餿水「浮」油 135
吳剛笑蠢 137
關懷老爸 139
「大丈夫」新解 141
姑慈媳賢 143
實現飄「香」夢 145
有意義的一課 147
諸神和平共「處」 149
嗨，妳被搶過嗎？ 151

第四輯

人生道上大雅正音 153

壺中日月間　164
方寸之美話篆刻　168
中國瓷器再出發　173
泥火燒出愛的圖騰　176
那一夜，我們「聽」相聲　182

第一輯

孔雀

無疑的，玫莉是一個頂出色的美女，她那動人的外表，足以令其他的女性對上帝發出嬌嗔，埋怨祂老人家偏心。

自從嫁給章傑後，財富把玫莉妝點得更耀眼，她不是雞中之鶴，而是孔雀，一隻開屏的孔雀。

每天展示自己光澤奪目的羽翼，玫莉從她高貴的鼻子中哼出滿意的氣息。

有這麼一天，玫莉竟然風聞章傑和他的女秘書勾搭。那個叫李彥彥的女秘書，也曾因公事到董事長公館來過，對她，玫莉是向來也不屑正眼一瞧的，平庸的容貌、平板的身材，用眼尾一睨過後，還覺得連那一睨都嫌浪費。

這樣一個小母雞模樣的女孩，真虧章傑的好胃口！玫莉慢條斯理地哼出她那高貴的鼻息，胸中卻燃起熊熊的怒火，她可不耐去尋找什麼證據，先要給這隻不登樣的小母雞一點教訓。

在董事長辦公室裡，玫莉揚起鑽戒閃閃的右手，爽脆的賞了李彥彥兩個耳光，章傑上前阻攔，被她一爪子刮下去，左臉上冒出四條鮮明的血痕。

玫莉在看清李彥彥那張大嘴巴、又佈滿雀斑的臉後，心中的怒火更旺，就憑這副德行，也想在我玫莉的臥榻擠一席之地，這還有天理啊！

氣憤難平的玫莉，聽不進丈夫的辯白，也等不及捉姦，她三番兩次當眾羞辱李彥彥，連口水都吐到這個女秘書的臉上。

夫心向外，在玫莉是無法忍受的奇恥大辱，她開出離婚條件，並逼章傑簽了字；沒多久，滿臉雀斑的李彥彥也和章傑簽字了，他們成了合夥人和夫妻。

離婚後，玫莉更覺得吞不下這口氣，每次攬鏡自照，想起丈夫竟被那樣的醜女搶去，屬於自己的「董事長夫人」頭銜也這樣拱手讓人，呀！真是一千個一萬個不甘心！

尤其令玫莉難堪的，聽說章傑和李彥彥結婚後，溫順得像一頭貓，比和她在一起時乖多了，玫莉朝也想，暮也想，愈想愈覺得自己敗得沒道理，在情場上，美麗是女人的最佳武器，漂亮的女人，永遠比不漂亮的女人有更多勝算。想到這裡，玫莉精神為之大振，嘴角也浮起一絲詭譎的笑意。

愛神賓館三0八號房內，被妻子帶著警員敲開的門內，有一對「野男女」，李彥彥對製作筆錄的警員說：「我先生是一時糊塗，我願意原諒他，但對這個不要臉的女人楊玫莉，我要告她妨害家庭！」

傳家之寶

費老爹臨終時，費家三個兒弟都帶著他們的媳婦，兼程地趕回家來。

那是很動人的一幅孝子侍親圖，雖然自從分家後，兩老一直度著寂寞的晨昏，老爹總算在嚥氣前，又看到一家人團聚的熱鬧場面。

殘燭的焰漸漸微弱，芯愈來愈短了！老爹搭拉著眼皮，嘴半張著，呼吸顯然比平常急促得多，他乾枯的五指卻像鷹爪一般，正緊緊攫住他老伴的手。

也許是費大娘的哭聲使老爹恢復了一點神智，他費勁地睜開雙眼，指爪鬆溜時觸及大娘手腕上的玉鐲子。

眼看著圍攏上來的兒子、媳婦的臉，再看看緊挨床沿，不斷地在拭淚的老伴，費老爹像突然記起什麼似地，朝著大娘吩咐：

「我去了之後，妳也別太省吃儉用的，要真的日子過不去，就把這對鐲子賣了吧！雖說是傳家之寶・・・」

儘管老爹的氣息微弱，這些話卻是一字一句的，全落在幾個兒子、媳婦的耳裡。

父親過世後，費家三兄弟倒是經常回家探望母親，三個媳婦也比以前要殷勤得多，逢年過節，總不忘買點吃的、穿的，帶回家孝敬老媽媽；尤其是幾個小孫子和小孫女，在各自母親的調教下，也會爭相纏著奶奶撒嬌、逗樂。這些使費大娘在往後的八、九年中，雖去了老伴，日子過得還不太淒涼，至少覺得兒孫是惦記著她的。

兒子們偶爾會不經意地瞧一眼母親手腕上的玉鐲，那翠綠的色澤，溫潤光滑，愈看愈發覺它的不同凡響，心裡不禁暗暗讚嘆：不愧是咱家的傳家之寶！

三個媳婦就沒有這麼含蓄了，私下裡，常拿言語旁敲側擊，想探出婆婆口風，她到底準備把這對珍貴的玉鐲怎麼個傳法？既是傳家之寶，總得要傳下去的啊！

費大娘是中風，猝然撒手的，死得倒也安詳。三個兒子把壽終正寢的母親出殯後，頭一樁緊要事，便是把那對無價的玉鐲找人估價去，三個兄弟已商議好，既然母親沒來得及指定由誰繼承，這寶理應由三人分得，但鐲子只有兩只，最妥善的辦法，莫過於把它賣了再分帳。

午後，軟綿綿的春陽像一團棉絮，閒擱在如玉坊的騎樓地上，玻璃門內，這家珠寶玉器店的大老闆正抬起頭來，一臉困惑，很不以為然地朝費家兄弟問：

「鑑定啥？這種玉石，滿街有的是！」

爪・牙

她笑的時候，露出一口細緻的白牙，兩邊嘴角泛起漣漪，呈現小小的酒窩，就為這，引他費心費力把她娶到手。

陪他去相親的母親、大姐原都不甚滿意，說這女人扁鼻、細眼，人中又短，沒有一點富貴氣，只怕不能旺夫，他心裡納悶，女人看女人怎麼盡看著短處？

她不但牙齒整齊潔白，一雙手也柔嫩修長，指甲的弧形尤其美好，頭一回見著，他就盯住那雙手，心下想著，以後定要叫她把指甲蓄長，並塗上水紅的蔻丹。

交往後，他越發傾心於她那白瓷一般的牙齒和粉嫩的手，母親卻嫌她動不動就笑得翻唇露齒，嘴吧總也合不攏似地，老姐更不客氣地挑剔她：一付三八相。

他還是決心娶了她，顧不得老母、大姐反對。下聘那一天，她果然把留長了的指甲染紅，捧著茶盤出來見禮時，趁他放回茶盃的那當兒，伸出指尖刮了他手背一下，直教他心神蕩漾。

婚後他才知道，那口編貝也似的細牙，可不只好看，更像貝殼一樣有著銳利的邊緣。每當纏綿到似醉似癡的境地，那利刃相仿的利齒便鉗進他底肩肉，遽來的痛楚讓他睜眼乍醒，茫茫然忘了所以，而她猶不自知地浮晃於浪潮的頂點，雙唇半張，兀自呻吟，微露的白牙森森然，令他心驚。

兩年來，長長的指甲一逕留著，襯托出她那雙避沾油膩、不碰肥皂水的手愈形出色。稱讚的人可不再只是他一個了，連大姐都說：「那雙手真可以上電視做廣告。」雖然緊跟著的一句不大中聽：「可惜啊！家事一樁也做不來。」

染指甲的蔻丹，像水紅、粉紅，她早已不用了，現在慣常挑的是玫瑰紅、大紅或紫紅。有一回，他建議不妨改搽銀紅，嬌媚而不那麼扎眼，她則嗤之以鼻：「那種顏色，弔喪時用的！」

誰說她這雙手中看不中用？至少他就常領教到它的用處。第一回還在蜜月期間，他談笑中提起以前的女友是雙眼皮、懸膽鼻，話猶說著，不防她半笑半嗔、似真似假，擢手就往他臂膀上抓將下去，剎時出現四道殷紅的血線，那爪痕足足過了個把月才逐漸淡去。

以後，每當惹翻了她，這招鐵爪功便被施展出來，而且攻擊點改挪到臉部：「這樣，看你怎麼見人。」她大剌剌地自鳴得意。

為了便於圓說，他在婚後第三個月就在家裡養起貓、犬，她倒也不反對。現在，同事間都已知道他是個溺愛寵物的男人，雖則有些人不免私下議論：「也有這樣的怪人，寧可讓畜牲抓得傷痕處處，就捨不得給牠們修修爪子！」

捨不得，誰說的？昨天夜裡一場劇烈的混戰，他不是猛地一拳打掉了她兩顆門牙，當她尖利的爪子劃破他的左腮時。

在律師辦公室，母親、姐姐，還有一堆她娘家的親友，吱吱喳喳、嘈嘈切切，盡是聽來搔不著痛癢的勸解。他漠然地簽字、蓋章，和她辦完手續。離婚協議書上的日期提醒了他：過幾天就是他們結婚兩週年紀念日。他原計畫著要送她一付全套的修指甲用具，這下可省了。

窗邊的故事

何珍小時候有一個綽號，叫「圓仔」，現在電子工廠的男同事則背地裏稱她「芝麻燒餅」。

矮胖的身材，圓團團的臉上又滿佈雀斑，何珍簡直恨死了自己的這付長相，雖然母親總是安慰她：「長得標緻不如長得古錐，妳正是古錐型的嘛！」但，何珍從十七歲起就拒絕照鏡子了，強烈的自卑感，使她終日裏陰沈沈的，不僅沒有異性朋友，連女同事也和她很疏遠。

電子工廠座落在半山腰，每天早晨上班，何珍為了避開成羣結伴的男女同事，總是大清早就上了路。

因為趕得太早，時間很充裕，何珍有時會在路旁樹蔭下的石椅歇歇腳，其實她倒也不累，只是一大早就進工廠，又有點不甘心。

何珍向來低頭慣了，連走路時，也像找錢似的眼睛往下瞧，只有獨自一個人坐在樹蔭底，覷著四處無人，她才會臉兒朝上，伸個懶腰。

這一天，正當她眯起眼，伸直腿，恣意地舒肩仰頭時，一個模糊的影子映入她的瞳孔裏，使她大大的吃了一驚。

幾公尺外斜角的那幢小別墅，二樓窗口不知何時露出一張臉來，雖然看不清表情，不過，何珍千真萬確地肯定那是一個相當年輕的男子，而且正朝著她的方向看。

何珍的心剎時間急速狂跳，她站起身來，近乎跌跌撞撞地快步離去，只覺耳根熱乎乎的。

每天清晨，何珍還是一樣地提早上班，只是再也不曾在榕樹下停歇過，但每當走過那兒時，她總禁不住要往那窗口迅速瞥一眼，令何珍又驚又喜的是：他總是悄悄地在那裏，並且專注地凝望著她。

以後的日子，何珍活在一種興奮得幾乎不能自制的情緒中，她的臉上開始溜出了笑容，一頭亂髮經過修整，也有款有式的，尤其是時髦的衣服竟也在她的身上展示了。

同事小張和瘦仔，竟然短兵相接，公開地猛追起何珍，半年後，何珍和瘦仔正式訂了婚，廠裏的女同事私下調侃這一對：「燒餅配油條，天生一對！」可是語下卻頗吃味。

何珍已不再趕早去工廠，每天瘦仔必定準時騎著他那輛一二五西西的速克達，到家裏接她一道去上班。記不得什麼時候起，小樓窗口已不再出現那張模糊的臉，何珍雖覺惆悵，卻也無暇去介意了，因為她正忙著準備當新嫁娘。

有一件事，何珍可能一輩子都不會知道，窗口的那位年輕人，因為精神病日益嚴重，家人不得不又把他送回療養院去了。

伊人

多年來，他一直為那次貿貿然上車而後悔，如果不是那樣，也許會一輩子都擁有一個綺麗的回憶，藏在自己的心窩裡。

那一年夏天，他參加大學聯考落榜，從台北回到家裡。祖厝老屋就在鐵道不遠的地方，他和車站裡的每個人都熟，大多還是他父親在世時的老同事，因此，為了避開母親的嘮叨，他幾乎每天都到站裡去閒蕩，沒人聊天時，便自個兒在花圃邊捉蝴蝶、逗麻雀。

不知打從那天開始，火車臨窗的一個側影，有力地吸引住他。那是北基線上的一班平快車，傍晚五時二十分靠站，她總是搭這班車，坐在同一節車箱，佔了同一個位置，甚至於那坐姿似乎也是不變的。就不知她是從那一站上車，又要往那裡去？

他背靠著栅欄，隔著十來步的距離，裝作漫不經心地瞄著那張輪廓分明的側臉，有一天他甚至發現在那唇型豐滿的嘴角邊有顆黑痣，美人痣吧？

她總是頭微揚，神情漠然地看著窗外的前方，彷彿心無二用地在凝視著什麼，又好像什麼也沒在看。

有時風吹髮揚，她也懶得去梳攏，更不曾看過她有同伴或和人搭訕。她一定是個孤芳自賞的人，他暗忖著。

很惹人注目的一個好女孩，他相信不只他一個人這樣認為，因為，每回同車的乘客，不管男的、女的，甚至小孩，總有人不時地把目光投向她。

漸漸地，他連在夢裡都出現那張姣好的臉，秀髮飄拂，眼裡閃爍著慧黠的光彩，甚至於比在現實裡看到的她更清晰、更鮮明。

手邊的書本、筆記簿上，讓他畫滿了一個又一個的美人頭，微翹的鼻尖、緊抿的薄唇，半掩著臉的垂肩長髮，一律是簡單的幾筆，相同的線條。

她總是那樣端然，很有教養的模樣，該是出身良好家庭的女孩？會是個大學生嗎？

遐想塞滿了他的心，整個暑假就這樣在等著車來，望著車去的晃盪間溜過去了。在台北做事的大姐已幫他繳掉補習班費用，投身明年再度應戰的秣馬厲兵日子裡。

強烈的孤獨感襲湧上心頭，好無奈呵！被揑得喘不過氣來的十八歲！

車靠站了，熟悉的側臉毫不容情地又闖進眼瞼，一股莫名的衝動，使他拔起腿，在笛聲揚起的剎那，衝上了火車。

該拿什麼話開腔呢？就在他遲遲疑疑進了車廂，抬起頭往她望去的那當兒，卻見一朵黑雲像鏡頭蓋子遮住了焦點，使他但覺天昏地暗。

他努力再睜開眼，可不是？一大片黑紫的胎記，像魔鬼的腳印，那般誇張、那般惡毒地壓在她右側的半邊臉上。

變奏

他左顧右盼，在對街正焦急地望著川流而過的車輛，準備跨街過來。

隔著西餐廳大玻璃窗，她正朝他遠遠看去，嘴啣著吸管有一口沒一口地啜著檸檬汁，心底打量：他準是一看完信，就匆匆忙忙趕了來的。

早晨，丈夫一臉冷漠地開車走了。夜裡的齟齬究竟因何而起，她已不復清楚記得，但又深切而痛楚地意識到，近來這越來越密集爆發的冷熱戰，像迅速擴散的癌細胞，正一刻也不緩地在敗壞著她的婚姻。

兀自呆坐不知多久一段時間，那份被欺騙、上了當的感覺，逐漸脹痛她的心胸，幾至於覺得都快要窒息了。她衝動地立起身，從抽屜裡翻出冷落多時的信紙，決意寫一封信給初戀的男友。

她決意要痛痛快快地吐訴自己的不滿，最重要的，她要透露給他知道，和她步入禮堂的這個男人，婚後與婚前的面目是如何不同，摘下做作的假面之後，令她多麼作嘔。

寫下第一個字，她頓覺胃翻腸絞，那親暱的稱呼，已然離開她那麼久、又那麼遠了！他說過的每一句話，眉眼抖落的無限情意，直像配了樂的動畫一景緊接一景地晃過。

淚水一滴連著一滴地淌落箋紙上，留下好幾道渦痕，有些還使字跡暈開了去，看來斑斑剝剝。

她從來也不曾發現，自己竟有這麼流暢的文字敘述能力，寫著寫著，已是厚厚一疊。抽噎聲止住了，頰上淚痕已乾，臉部有綳緊的不適感，猛一抬頭，梳妝檯的大鏡子映出一張表情滑稽的臉，紅通通的鼻頭下，藏著深深的笑意。

她笑，是被他逗出來的，這可是他的拿手把戲，常把她逗得又惱、又跳、又叫。特別是上門求婚那一回，她母親拿來三炷線香，要他向觀世音菩薩起個重誓，防他將來變了心腸；他接過香，滿臉肅穆，口中唸唸有詞，一幅虔誠戒慎的模樣，看在她眼裡真有些兒感動，沒料他事後卻悄悄地在她耳畔說：「我可是一邊唸，腳下一邊不停地畫『不！不！』的哦！」恨得她登時飛出一記拳頭。

他向來吃慣她的花拳繡腿,那時,每回挨捶挨踢,都涎著臉低呼:「好舒服喔!」現在呢?丈夫挨她捶時,卻是一個屁兒也不放,任她力竭聲嘶,他只是緊鎖眉心,人卻像泥塑木雕般。

為什麼情人與丈夫就這般不一樣?她只覺心又是一陣子抽痛。

打住最後一個句點,她重頭細閱了一遍,不禁愕然。原意要狠狠數落丈夫的,卻滿紙情致纏綿,完全走了樣!也有這樣式的最後通牒嗎?然則,出現在紙上的點點滴滴,不正像帳簿裡的流水帳,一筆一筆都來歷分明,絲毫未曾造假,而這正正負負的帳目,又正好幫她檢討出,成為丈夫之後的他何以不同於情人時,其中正因為著實添進了不少理不清的糊塗帳,這些帳,可又大半得由她來負責的。

寫好信,她突然有一股下了大賭注的興奮感,而且迫不及待地想立時揭曉——是輸?是贏?於是她決定充當一次信差,親自把信送到他辦公室交給門警。

看他氣喘咻咻地推門進來,臉上浮現憨傻尷尬的笑,她急忙垂下頭去,兩顆淚珠正好淌進杯裡,和那既甜又酸的檸檬汁混在一塊兒去。

瘋女

阿彩發瘋的消息傳回村裡來，大家乍聽先是一驚，然後像暗潮翻湧，竟逐漸地把原先那些對她不利的傳言轉了身去，我家四嬸就是一個明顯的例子。

當阿彩第一次回來探望孩子，被她婆婆舉著掃帚打出門去時，阿彩的眼淚可一點也沒軟化四嬸的心，她在看熱鬧的人羣裡尖著嗓子低嚷：「討客兄的查某也有面皮要看囝仔，真嘸見笑！」

阿彩是不是和人有姦情，誰也沒抓著真憑實據，但她婆婆是這麼嚷嚷的。阿彩禁不住她丈夫福仔三天兩頭地又打又踢，終於點頭同意離婚，雖然兩個兒子一個才三歲，一個未滿週歲，她卻一個也爭不到。

走出福仔家的阿彩，半年裡頭倒有五、六次回村來要看她兒子，但每次都被福仔他娘惡狠狠地唾走。有一回，阿彩由娘家的舅舅陪著來，伊阿舅是個斯文人，客客氣氣地和福仔他娘打商量，講情理，費了老半天口舌，沒獲一杯水，只得老太婆硬噹噹的兩個字：不行。村裡的人都冷眼看這本戲怎麼往下唱，瞧見阿彩痛哭失聲地跪下來叩求，也沒有一個上前替她幫腔的，四嬸還縮鼻撇嘴，在阿木嫂耳邊吱喳：「你看，也有這款無惜面皮的查某，笑破人的嘴……」

可是，阿彩瘋了，鎮上她娘家人氣憤地逢人便說：「阿彩看不到兒子，被逼瘋了！」這種變化，對村裡的人可真夠刺激。當阿彩以另一種面貌又在村裡出現時，情況便跟著大大的不同。

這天是星期日，我們幾個囝仔趕著透早天氣清爽，跑到溪裡摸魚，忽然遠處田壟盡頭一團五彩雲霧緩緩飄來，越飄越近，待我定眼看真切後，不禁大吃一驚：那是阿彩！她那身打扮可真絕，襟口、腰部橫的豎的纏了不少撕開的花布條子，像掛了一身萬國旗，披散開來的蓬鬆亂髮半覆著右臉，上頭還歪歪斜斜地插著兩朵喇叭花，大概是進村子時在路旁順手摘的。

我們再顧不得抓魚，兩手在身上揩乾水，緊跟阿彩身後，想看她會變啥蚊子來。她果然是瘋了，嘴裡哼哼唧唧地不時發出怪聲，走幾步路還會猛回過頭來，向我們扮鬼臉或作勢要打，那模樣可真滑稽。

跟在阿彩身後的人越來越多，老的、小的，尤其是閒在家裡的女人，都抱起小孩一路隨了來。奇怪的是，這回阿彩卻不上福仔家，她搖搖晃晃地晃到土地公廟前，人兀地往地上一坐，兩腳叉開，嗚嗚咽咽地哭了起來，先是低聲，然後越哭越大聲，到後來索性用歌仔戲的哭調唱了起來。圍觀的人羣裡不時傳出唏噓聲，幾個老輩的直搖頭：「作孽喔！」這時，一個尖亢的聲音嚷了起來：「母子連心啊！那有不讓人看兒子的道理！」我不回頭也聽得出那是四嬸在叫。

這一回，阿彩沒到福仔家，卻看到了兩個親生兒子，因為四嬸和一羣女人跑到村長伯家，把村長伯找了來和福仔他娘交涉。四嬸說：「討客兄沒證沒據，把人離掉了，連囝仔都不給看，逼得阿彩發瘋，這樣太狠了啦！」其他女人也七嘴八舌，把福仔他娘說得沒有回嘴餘地，一下子之間，好像所有不對都是福仔他娘造成的。

以後，阿彩每隔個十天半月就跑回村來，也總穿得像四嬸說的「不癲不丐」，不過，她不像有些瘋子會打人，尤其在看到自己兒子時，人就正常多了。村長伯說：「心病還要心藥醫。」大家也認為只有讓阿彩看她兒子，才能治好她的瘋疾，這下，福仔他娘竟是再也禁不得阿彩探子了。倒是福仔看阿彩思子成瘋，又沒有見她和別的漢子在一起過日子，心下有點惱恨自己受老娘擺佈，很想覆水重收；不過，這心願也直到他娘嚥氣後才了，妙的是，那時阿彩竟也不瘋了。

現在，阿彩的兩個兒子都已長大，村裡頭很少人再提她發瘋的這樁往事。有次我忍不住問四嬸：「阿彩那時候到底是真瘋、假瘋？」你猜四嬸怎麼說？她回我一記白眼：「瘋也有真的假的，神經！」

墓碑

這是母親去世後，他第二次回家掃墓。

對於塗改墓碑這樁事，在離開臺灣前，他是狠狠下了決心的，非改不可，即使堂兄弟、鄉裡人都不免要訕笑。可是，此刻他站在父母親的墳前，卻又躊躇了起來。

由於墓地小，顯得這墓碑不相襯地忒大，尤其前後左右緊挨著的其他墓碑大多是小小的一塊，兼以青苔爬滿碑身，相形之下，愈把他父母的這塊碑凸顯得醒目。碑是他返鄉時重修的，母親打從和他聯絡上的第一封信起，必提的就是給亡父換塊大一點的墓碑這檔事。

父親在文革初期就死了，母親一個人熬了下來，直等到和他重見了面。

他父親是五房大家族裡的老四，他卻是獨子。小時候和堂兄弟們玩耍，一鬧起彆扭，終了，吃虧的總歸是他，打虎親兄弟嘛！別房都有自家親兄弟，只他是獨根獨苗。

母親嘴裡不說，心裡卻是嘀咕的。他十七歲那年，祖父歿了，伯叔和父親正合計著分田分產的事，還沒真個兒分成，倒又不必分了。

五房裡離開家鄉到臺灣來的就只他一個。母親那時出奇的堅決，連父親都拗不過她，大概正因為只有一條命根子，反而瞻顧不了許多。

出來，再回去，路途不算遠，可足足走了四十年還久。母親給他的第一封信，最急切的就是向他要一份孫子的名字。

他給孩子們取的名字，依次是：文光、文宗、文耀、文祖，以及小女兒媛媛。

照片比較麻煩，可他還是精挑細選，費了好大一番功夫；這張在風景區拍攝的照片，面貌雖不很清晰，但四男一女長幼有序，很夠那老奶奶瞧老半天。他在信上寬慰母親，改天會到照相館照張全家福寄去。

這承諾一直沒能兌現。頭一次返鄉，他大包小包提了回去，就少了這張全家福，他娘還直埋怨；不過，母親還真得意，給父親重新換上的墓碑，不僅外觀體面，那長串的陽世子孫名字，讓她最感舒心。就衝著這一點，雖然覺得那不曾見過面的臺灣媳婦有點漠視她，也不那麼計較了。

八十多歲的老母親安心地走了，老伴的小小墓地本來就留有她的位置，墓碑上也預刻著她的名姓，只消把紅漆給塗黑就成。

雖則說不上衣錦返鄉，但他知道母親是滿足的，兒子活著回來，還多了一羣孫子，老媽媽就曾感喟地對他說：「你畢竟比你老子有福氣！」

不知道母親在地下若有知，這回是罵他？怨他？還是憐他？

第二輯

卷二解

印證

指銬，是為防範特別狡猾的犯人脫開手銬而設的輔助戒具。

總覺得戒指像煞指銬，婚前曾不以為然地徵詢他：「非戴婚戒不可嗎？」當然不！聰明的擒獲者知道：越柔軟的繩索越具韌性。

因此我得到的婚戒頗覺滿意，它非金、非銀，更非鑽石，而是一小塊普通的石頭——朱文小篆的印章，刻著輕飄飄的一個字。

三千六百多個日子，時陰、時雨、時晴；窮過、吵過、惱過。每一回鬧彆扭，都暗暗恨著：傻呵！當初為什麼不要那鑽石的、金的、銀的戒指，賣了總值幾文錢。

每一回賭氣，捏著那只不起眼的閒章，但覺手冷心冰，不免咬牙切齒，偏偏印下來的字，有如電光石火，在頃刻間直射心坎，照得五臟六腑通體透亮，想逃都逃不掉。

櫥窗

小時候住在鄉間，鎮上街頭的櫥窗是一面魔鏡，讓我看到另一個神奇華麗的世界，偶爾也看到自己扮的鬼臉。

長大後，搬進了城裡。走在馬路邊，總是不厭、不倦地瀏覽著櫥窗，一路行去，一逕側著臉。

多變的表情，透露這個城市的諸般心事，櫥窗正是大都會的小臉譜，一個一個粉墨登場，寬闊的亭仔腳像極舞台下的觀眾席。

而這一天，我竟站到櫥窗後，閒閒反觀窗外人羣。過往的，果然也是一張張側過來的臉，冷硬的線條讓人以為是臉譜。奇妙的是，他們的目光並未透窗而入，只跌停在光潔的玻璃板上，彷彿有一層水銀反彈了他們的視線。

有人整整領結，有人攏一攏額髮，一個盛粧少婦對著櫥窗眨了幾下她濃密的睫毛，隨即唉呀一聲驚呼，半條毛毛蟲正從她右眼瞼迅速下落•••。

都市人原來是一株一株的水仙！

不知道櫥窗會不會因此感到落寞、難堪？而我，則不期然想起多年前自己淘氣的鬼臉來。

十年

上社會學時，洪教授説：再過十年，你們這些人，有的會冒出頭角來，有的可能會不小心沉了下去，誰沉、誰浮，只要十載工夫，就約略可以分曉了。

十年，三千多個日子，那是多麼久遠以後的事！可是，十年竟就在瞬眼間過去了，那課堂上的景像歷歷，依稀如昨。

偶爾，在車上、路邊，在不期而遇的場合裏，老同學碰面，互相拍拍肩膀後，漸漸地第一句話都是：老了！言下有不勝唏噓的感歎，雖然，事實上離老還有好一段日子呢！只是比起十年前，確是要老得多。

青春是一襲紋彩班爛的錦衣，卻是這樣的不經穿、不經用！幾乎每個人都有相同的感覺，那便是才舉杯，還沒有來得及細細品嘗青春的滋味，青春已然在大氣中揮發掉了。

洪教授的話，像先知的預言，慢慢地在獲得印證，有人如出岫之雲，已冉冉向上昇起；也有人不經意跌那麼一跤，好像是栽沉了下去，但，更多的是載沉載浮的一些人。

在大賴的婚禮上，遇到好多同學，聊起來才知道，原來一個一個都曾經轉彎繞道，走了一段相當辛苦的路，有的柳暗花明，有的還在繼續摸索，也有幾個自始至終認定目標，一直在一條路上衝闖的。

年輕的歲月裏，原該有多一點苦辣酸甜的經歷，即使絆倒跌傷了，舐著創口上的血，忍不住要掉下一滴淚來，活著也還有酸楚中自得的樂趣。人海裏，有人浮、有人沉，是必然的現象，真正有意義的，該是沉浮之間的奮力掙扎吧？有掙扎，才顯得出人性的潑辣有為。

萬里潮音

濤聲總是悠緩、規律地由遠而近，一波接連一波湧到枕畔，清晰得彷彿海就在窗緣下。

如歌行板所浮襯出的畫面，恒常是那遍白沙海岸，母親俯首拾貝，身影在沙灘上寫下一個問號。

最近，不止一次在這樣的夢境中睜開眼，心頭堆著殘留的雲霧，濕濡而溫潤。其實，那何嘗是夢！

即使病著，即使是在只有浪潮與沙礫的海邊，母親依然穿著熨整妥貼的旗袍，步履嫻雅，端莊得好似在赴一個隆重約會。

母親是聽從醫師建議，到清靜的地方調養身體。她的肝、胃都不好，更嚴重的是經常失眠，徹夜抱著「源氏物語」和其他日文書籍，而白天一樣睡不著。因此，在住了一整個夏天的醫院後，終於決定到萬里養痾。

萬里是北海岸線上緊鄰野柳的一個小漁村。那時，父親正隨服務的商船長年漂泊海上，剛上初中一年級的我，便在每個週六下午，從居住的基隆趕到萬里，陪伴母親。

幾乎毫無例外的，每個週六的黃昏，以及翌日清晨，母親和我必定在沙灘上流連。海風寒肅，秋意逐漸深濃，浪濤萬馬奔騰而來，我縮著脖子，卻把光禿禿的腳丫迎浪踢去。

那該是母親看到的，屬於我童年結束前最後一個飛揚的姿勢吧？在此之後，母親是否也曾偶爾回憶過這一幕？我不知道，也不曾問起過。

而我，倒是剪存了佇立沙灘上，迎向朝曦、披著斜陽，眼神遠遠落向遠方的母親的側影，讀一首詩那樣，經年累月地反覆咀嚼，由全然的不懂，到依稀領會，到全然的了悟於心，這其間，竟整整耗去了二十年光陰。

二十年，也不過抵一首短短的五言詩！

月前，母親南來小住，正趕上岡山的籃筐會，一向不喜湊熱鬧的她，在幾個外孫簇擁下，也去趕了一次市集，回來，除拎回大包小包外，還從皮包裏掏出好幾個殼上刻著十二生肖的大貝殼。

母親笑嘻嘻地一人分給一個，刻虎的是小凡的，刻馬的是小駿的‥‥‥，我縮回落空的手，嗔怪她偏心，只顧得孫子，忘了女兒，她笑罵了一聲：「還小咧！」緊跟著又說：「你真想要啊？我倒是真忘了你的。」

也許是那貝殼捎來的潮音吧！從那天起，萬里海邊的浪濤秋風又紛至沓來，一波接連著一波。

母親的容顏，果然正如蓮花的開落，三十出頭的少婦，倏爾已年逾半百；而我最感慊憾的是，竟然必需費去那麼多的時日，才讀懂了母親的無奈。

且泛舴艋舟

假日，一家人到澄清湖划船，湖面並不遼闊，興不起煙波千里的遐想，倒是晃盪間，有了此身非我有的幻覺，一時間，竟分辨不出：究竟是人在舟上？還是人在湖上？

也許就是這種不須仗酒也能微醉的閒適感，一次又一次地吸引我登舟。操槳的樂趣，其實全然不在於使船兒前進，走得再遠，也不過是看得見的彼岸。

告訴孩子，第一次划船是在愛河，回報的是不敢置信的眼光。「愛河那麼髒，那麼臭！」可以聽到他們嘴裡的嘀咕。

愛河也曾有過河清之時啊！豈止划船，還有人泡水游泳呢！只怪你們生之也晚，沒有趕上。話雖如此，我又何曾趕上了？那唯一的一次在愛河泛舟，正是少年不懼臭滋味的年齡，卻也仍是一手緊摀鼻子，一手小心翼翼地搖槳，深怕河裡的污泥不識相，濺到才穿上身的新衣，對了，那是愛河准許划船的最後一個春節。

以後，也一直不曾死心地期盼著，能再登扁舟重泛愛河，遺憾的是二十年歲月忽忽，到如今，這還是一個待圓的美夢。

台中公園的水榭亭閣，格局雖小，透過鏡頭的刻意安排，卻也一樣能牽引人走進「江上舟搖，樓上帘招」的憧憬中，尤其對情懷如詩的少年。於是，那一年夏天，乘著北上就學，便和好友丫丫在中途溜下火車，逮住半天光陰，一了銀帆卸浦橋的夙願。

真正諳盡划船個中趣味的，還是在碧潭。

水域寬，吃水又深，使碧潭成為理想的泛舟去處，何況環潭的山色蒼翠，煙嵐如幻，又有一座凌空高掛如彩虹的吊橋，這些都促使碧潭長年船歌不輟，但也使潭中冤魂不時增加。

早先遨遊碧潭，因為水深莫測，自己又是標準旱鴨子，惜命起見，只敢跟著大夥坐大船湊興。這種由船伕或船娘撐竿擺渡的船隻，可以容得下十來個乘客，斜靠籐椅，任舟兒在潭上輕搖慢晃，迎清風徐來，確是不勝悠哉遊哉！偶爾運氣好，碰上一場驟雨，更正可趁此領略畫舫聽雨眠的情趣了。

坐大船，畢竟不若泛小舟來得逍遙，因此，遊了幾次碧潭，終究還是自己搖起槳來，就因為太過興頭，有一回差點去和潭底的冤魂作伴。

常在碧潭划船或戲水的人，都知道潭邊一處峭壁下隱有漩渦，也都小心地敬而遠之。有一年初秋，偕友人在黃昏時登舟，雙槳欸乃，也許就是那種恍如在夢中，又像是醉了酒的迷惑感趨使，使我們不知不覺地盪向那面陡立的潭壁，船也在剎那間捲進漩渦中。

什麼叫一葉小舟？在激流打轉中，才真正明白了這「一葉」是多麼無足輕重！真不知是怎樣脫出險境的，只依稀記得划離漩渦後，涼風透背，猛抬頭，但見明月如鏡，而潭上又出奇的寧靜。

許多年後，才聽說又有一種新的泛舟名堂，那是在急流中享受衝激的滋味，最著名的是秀姑巒溪泛舟。

這樣的操槳飛渡，想來是夠刺激的，否則不會有那麼多人明知有捨身之險仍要嘗試。不過，那種怒潮下的狂歡，未必是人人能承受得起的吧？據說，有一個團體舉辦泛舟尋侶的活動，結果參加的男女還來不及看清那個對象合適時，已被激湍衝得七葷八素，當然也無暇去碰撞出愛的火花了。

且不管急流中泛舟，有多麼大的興味與樂趣，在我，還是寧願雙手搖槳，在緩行慢擺中，品味那一點悠然。

交換舞伴

呵！別問我是誰，當我交給你以冰冷的小手，當你圈圍過來有力的臂彎，且讓我們共同擁有這悠揚的一曲。

只須留住你唇角的那一朵微笑，別讓溫柔溜開了你悠閃的睫毛底，但，請別這樣深深地注視我，那使我恍惚以為自己是坐南瓜篷車偷來赴宴的辛黛瑞拉。

這片刻，我們是迷失的游魚，泅在蓓蒂佩琪低迷的鼻音裡。我仰望著的是一張陌生的臉，一尾年青而可愛的熱帶魚，透過你速寫著霓虹光彩的瞳孔，我瞥見沈澱在我眼底的那抹微藍，你不介意我和你是同族而異類的嗎？

玫瑰紅的晚裝，繫黑色的裙帶，別說你將記住我，這落地長窗裡飄起的一羣泡沫，你竟想盈握住一顆?!可曾聽過侯鳥的故事？在煙波碧浪起伏的大海上，峙立的岩礁小島，有失去年輪的十彩樹，來了打尖的侯鳥，可是她終將要北行抑或南飛的，無論那一個方向。十彩樹上的花巢，絶不是侯鳥的歸宿。

且讓柔麗的燈影短暫描下你、我的舞姿。窗外星羣正燦爛，我彷彿又回到昨夜以前的星辰環繞裡了。那些曾是掛在天邊的，浮在水上的，嬉戲在湖濱，以及漂泊在樹林裡的星子，惹眼地正在凋落，一顆一顆落在舞池裡，激起G調的漣漪。今宵，這已是第十三首慢步的華爾滋，而你又是第幾個陌生的舞伴？

我就將再轉向另一個邀舞者，當又一曲的悠揚昇起。流連於今夕的舞影鬢香，而在笙歌散後，酒杯跟盛滿醉液，隨倦了的腳步流洒在深靜的長巷裡。

不要寄語再見，不要問我來自那裡，當這一曲結束，我們即將把彼此忘記，為什麼要刻意地繫住這份偶然？假如你定要知道些什麼，我只能無奈地告訴你：我僅是喜歡這美麗的遊戲——Changing Partners。

下午茶

難得這樣的午后！看煙縷從淺淺的咖啡杯升起，聽簷前風鈴閒閒溢出三兩聲。男孩對面而坐，眼裡泛出專注又愉悅的光彩，讓人聯想起高山上清晨迎露綻放的龍膽。

我給他調的，是一杯加了糖也加了冰的可可，六歲又八個月，是還不到品嘗苦澀的年齡，當然更不懂以咖啡匙量度人生。

多久以來，男孩一直期待著這樣的約會，他不在意有沒有香蕉船、漢堡或熱狗，他只要求有這樣與我面對面的時刻。

每天下午，獨自守著一缸金魚、兩隻巴西烏龜，以及錄音機裡喃喃自語的「國王的新衣」，男孩的小小心田，不知何時起已滋長出莫名的相思草。

幾天前，當我告訴他，除了星期天家人團聚外，我可以有這麼一個閒暇的午后陪陪他，男孩的眸子剎時如晨星乍亮，不停啓閉的雙唇，使他成了多嘴的鸚哥兒。

我們共同決定，要喝一次不太花錢而又有趣的下午茶，地點就選在擺著聖誕樹的小客廳裡。

雙手捧起杯子，飲進一大口冰可可後，男孩說：「我們是不是再來看相簿呢？」那是他一向最喜歡的節目。吮著奶嘴，肆意地在父親懷裡、哥哥的脖子上撒野的日子，無論是哭是笑，總有關注的眼光須臾不離，這原是多麼令他流連的時光！

我稍稍沉思後，否決了這項建議，我說：「我們還是來玩點新鮮的吧！」於是找出前些時候父親買給他的生日禮物「百駿圖」，開始尋找那一百匹馬的遊戲。

這幅故宮博物院仿製的郎世寧名畫，去年在中正文化中心展出時，曾引得他驚呼連連：「好多馬呵！」「好漂亮的馬呵！」生肖屬馬的孩子，對馬也有異樣的深情。

順著橫軸，由右而左一路尋去，沒想到連續兩次都總是丟了幾匹馬，我笑罵著：「這些馬兒可真詐！」他卻不以為然，歪著小腦袋一本正經地說：「一定是到樹林裡去尿尿了。」

撇下理不清馬匹數的百駿圖，我們跟著欣賞集郵冊裡的八駿郵票，為了讓他端詳這幾匹乾隆皇帝愛馬的模樣，我從畫冊裡翻出八駿的圖片，他看了個夠，話兒也多了。

指著雪點鵰，他說：「這匹馬好肥，一定很貪吃。」

對全身雪白的奔霄驄，他的意見是：「每天要用沐浴精給他洗澡。」

赤花鷹和爾雲駛最得他稱讚，因為「身上都穿了花衣服」。

揚著眉，睜大著眼，吱喳個不停的男孩，是在盡情地傾洩著他壓抑的寂寞吧？

我不禁歉然地將他輕擁入懷。這時，孩子脆亮中滿含興奮的聲音又衝耳而來：

「媽媽！我們明天再喝下午茶，好嗎？」

長尾巴的日子

「敬致——長尾巴的女士」

捧著賀卡、禮物和花，驚覺又老去了一歲。

每一張湊近來的臉都帶著笑，彷彿善意，又彷彿幸災樂禍地在調侃：「嘿！嘿！你又損失掉一大截日子了！」

生日快樂！生日，可快樂？

幾天前，老娘把老爸獨個兒丟在家裡，從基隆趕了來，一下火車，就喜孜孜地鄭重宣布：「專為來煮一餐飯給你吃。」乍聽，真覺滑稽。

某年某月的某一天，一個初為人母的少婦，困乏地在產褥上看著身旁未足月出生的女嬰，四斤不到的體重，比初生的貓兒大不了許多，養得活嗎？年輕的娘不禁憂心忡忡地。

那是個冬至的夜晚，風蕭蕭、雨飄飄，其他的人都在嚐著燙嘴的湯圓，她則睜著比圓仔大的眼，豎起耳朵專注地傾聽娃兒的每一聲呼吸，生怕一不留神打盹，那微弱的聲息就會像貓足般遁走了。

如今，這個做母親的紀念當年受難日的方式是：坐五個多小時的自強號，趕來賁一頓豐盛佳餚，餵那隻已長大的貓兒。你說，這不滑稽嗎？

「摸摸看，尾巴有沒有長一點囉？」

說這話的人，滿臉不懷好意的笑，正待一拳頭擂過去，卻被迎面而來、疊疊搭搭的紙盒給擋住，包裝紙艷燦燦的光直叫人目眩。

但，更扎眼的是那飛霜的兩鬢，也曾如黑緞的青絲，曾幾何時已銀光斑爛？染白它的，果真只是似水流年？

昔日，蘇子瞻曾寄望與他胞弟子由更結來生未了因，在輪迴轉復下，東坡居士的這番心願不知是否已了。而一向被呵護、寬容慣了的人，想來必然也都會存有這種——再賴他一生，甚至生生世世——的念頭吧？說來慚愧，我正是如此這般打著如意算盤。

遇到這樣的債主冤家，徒呼負負之餘，又怎能不媲美那過昭關的伍子胥呢？

「愛，不必說抱歉。」很感激說出這句睿言的智者，得以讓我自覺理直而氣壯。

孩子買來的晚香玉、玫瑰和滿天星，分插在瓷盤和玻璃瓶中，掏不出零用錢來湊一份的那一個，搶先擁上來，在頰邊送上一個美而廉的賀禮，也引起兄弟們不滿的噓聲。

生日，快樂嗎？

歲月是一疋攤開來的布，一年剪掉一大截，生日不正是利剪絞開的創口？只覺肉疼心酸，又何樂之有？

而他們——我至親至愛的人，正環繞著象徵圓滿與燦爛的蛋糕燭火，扯開嗓子在那裡費勁地唱著：

祝你生日快樂！祝你生日……。

快樂，也許未必盡然，然則，每一個長尾巴的日子，都強烈地提醒我：該跪下來虔誠地感恩。

紅塵之外

記否？那年夏天。

車過馬蘭，飛起的砂石如霧，我們就那樣一揚眉、一揮手，瀟洒地把紅塵拋在身後。

遼闊的東部平原，雲淡風經，空氣中飄來一絲甜膩，再放眼瞧去，兩旁是緊挨著的叢叢蔗林，炊煙無語地自遠處升起。

我沒有回頭看你，也許你正為此去的路途憂心，而我，那時卻是滿懷興奮，猶如破繭蛻出的蝴蝶，只想展開雙翅。

夢果真能實現嗎？當我站在知本的溪流中，剎那間明白了何謂美夢成真，也知道什麼叫置身夢中。

蟬聲彷彿特別悅耳，在往後的七天裏，那是我們在這個世界裏聽到的另一種語言，述說著亙古宇宙、無窮天地的蜜意柔情。

為什麼別處的蟬聲總不如知本？以後幾年，我老是拿這問題難你，而你的答覆是：「妳真傻！」

那時，知本正歷過一場浩劫，洪水沖毀了這個美麗的溫泉鄉，到處是斑剝的劫後遺跡。黃昏時，我們打赤腳走過已禿的河床，蛇籠在夕陽著色下，像極一幅詭異的抽象畫，那樣誇張地嵌在河岸。

新建的知本橋，在一遍破落衰朽中，很容易被人誤以為是擺錯了地方的布景道具。可是，沒有它，我們對知本的記憶也許就不會這麼鮮明了。

夜來，不是明月如鉤，便是挾風兼雨，而不管是陰是晴，我們都一樣地在天黑後踱上這道長橋。

傷心橋下春波綠，曾是驚鴻照影來。詩人的千古絕唱，一直讓你戚戚於心，我則豎著耳朵，想聽一個屬於你的故事。

在知本的七天裏，你是說了無數個令我著迷的故事，卻都是別人的，至於你自己，你說：還是等以後說給我們的孫子、孫女兒聽吧！

會有這一天嗎？在我認為，愛只能剪起來貼在心的扉頁裏，然後緊緊掩密的那時候，這種許諾，是不可深思，也不必端詳的。

但，我又何忍把這份念頭化做道白！有的也不過是落地無聲的嘆息，以及腮邊清淚。

我們向小食店的老板說：是來避暑的。脫口後，經過一楞，兩人不禁相視失笑，為這暑和俗的諧，竟然巧得如此天衣無縫而感到得意。

暑可以避，俗卻是避不了的，紅塵既無能耐輕拋，到底還是要回到紅塵去。和知本道別，是月不明、星又稀的晚上，登上裝有馬達的三輪蓬車，行囊比來時輕了幾許，心情卻沉重得多。

揮手自茲去。也許有一天我們會再重來，然而，山是這山，水是這水，你我又復如何？當時我是這樣地想著。

年華流逝，知本橋的形象並沒有淡去，午夜夢迴，那有情的蟬鳴依然，你也說：揮不去那山、那水、那橋影、蟬聲，但在紅塵中的你我，又何時重去避俗呢？

俗，原是拂了一身還滿的，使我不禁自問：縱然時光倒流，是否就能夠再覓回那紅塵之外的夏日煙雲？

畫像

有人說像，也有人說不像，對著牆上那幅新掛上去的粉彩畫，親朋好友的看法真夠得上眾說紛紜，不過，有一點卻絕對一致的，幾乎沒有人不是第一眼就認定那畫的正是區區在下。

把畫拿回來時，他端凝了片刻，先是沉吟，後又朝我瞧瞧，眼裡含著促狹的笑意，好半晌才說：「滿像的嘛！」可是聽到耳裡，卻偏偏有言不由衷的感覺。

孩子們嘻嘻哈哈地對著畫面指點，從頭髮的長度，到眼、鼻、嘴、下巴，甚至衣服的小花飾，都逐一審視，結論是：「有點兒像，也有點兒不像。」七歲的么兒則加上一句：「不過，媽媽本人比較兇。」引得幾個兄姐嗤嗤地笑。

不管說像或不像，我原倒不在意。為我作畫的這位新加坡畫家朋友，雖心儀已久，卻是初識，在很倉促的情況下，要捕捉一個陌生人的神態特點，說得上是：難矣哉！

畫像就掛在他書桌的上方，是兩個人猜拳後，被我「輸」掉的。他還說：過些日子也請人替他畫一幀，掛到我書桌面對的牆壁，我連忙敬謝不敏，那種讓人盯著的滋味可不好受。

其實，自從他連夜間也上班之後，那張大書桌因為擱著電話機，使用方便，就常被我佔據，而不經意和自己的眼光碰個正著的機會，也隨著增加。

那就是我嗎？

我就是那個樣子嗎？

幾次抬頭，越看越覺得框裡的那個人確曾相識，更不禁打從心底升起這樣的問號。

看自己的畫像，是頗為有趣的，它不同於攬鏡自照。面對反映出實我的鏡子，除了整容顏、正衣冠之外，大約總不免會興起幾分顧影自憐的情緒，尤其是女人；但面對畫像，感受顯然要不一樣得多，也許正因為去除了鏡花水月的流光閃爍，讓人容易在靜、定之中，去尋思那個真我。

凡人，最熟悉的是自己，最陌生的也是自己，每日裡視線所及的是別人的臉，看到的是別人的一舉一動，至於自己，說實在，認真接觸的時刻並不多，因此，即使看自己的照片，也十之八九，覺得不像。

這位畫家朋友在僑居地和國內都以畫肖像馳名，他積多年畫人像的經驗認為：各人神態的特點，往往是不自覺的，因此很少人在初初鑑賞自己的肖像時，便有認同感。然則，這就是所謂的「旁觀者清」嗎？

畫掛上去已將近半年了，說像的人漸漸比說不像的人多起來，甚至頭兩回看了不以為然的，也在第三、第四次細細觀來之後，猛點其頭，讚嘆：「是畫得真像！」

前幾天，母親從北部來小住數日，才一看到畫就開口：「嘴巴抿得緊緊的，她可不是從小就是這副倔模樣。」

燈的傳奇

我常問他：還記得那一夜嗎？他總哼起「LONG LONG AGO」來做答，一臉的調皮相。

那一晚，在山頂上，臘月的霜寒，使人雖然縮著脖子，卻像置身在透明的玻璃缸裏，一種不得不爾的清醒。

仰頭，好像一探手便摘得到星子；俯瞰，一遍泛濫的燈海。那一盞最亮呢？整個晚上，我不斷地搜尋著，而他，漫不經心地哼著那一首老歌。

沒有月亮，但星光更耀眼，針樣的星芒揮霍地洒在他的頭上，我驀然為鬢已星星的字眼所撞擊。往事難忘不能忘……，剎那間，由他鼻孔裏哼出來的音符，彷佛變成一襲輕盈迷離的霧，罩住了我。

山下的燈，一盞一盞，像是刻意睜大的眼睛，又像是三月裏競放的杜鵑，滿地躊躕。

找到妳喜歡的那一盞了嗎？他突然開腔。

喏！我遙遙指去，那是並不十分明亮，但看來很溫暖的一團暈黃，它正緊緊的貼著山腳。

這時，我意外地發現山路竟是這般崎嶇，有石階的一段，也是陡得驚人。

我們是怎麼上來的啊？我打了個寒顫，朝他問。

他執起我的手背，輕輕地拍著，透過來的暖意，使我不禁又回過頭去看那一盞燈。不是很燦爛，但柔和靜默的在傳述著什麼，恰似曾經相識的，注滿深情的一瞥。

不管多美，那可是別人的燈！他說。

別人的？對了！那燈海中的每一盞，都是有名有姓的，是凡人在塵世間的星座，廝守著愛怨悲歡，含蓄著如意和不如意的一切，但它無論怎樣，總是亮著。

離去那座山，離開那個霜寒露冷的夜，有那麼一天，我點起了一盞小小、昏黃的燈。推門進來的人笑著說：

那裏找來的小油燈？

不管多小、多醜，它可是專屬於我的。

就不是我的嗎？他抗議著。

燈一直亮著，成了一遍燈海中的一盞，我們卻再也不曾上山去摘星了，只是我常會有意無意地試探他：

還記得那一個夜嗎？

雁字

一直很欣賞那樣的一個手勢，食指輕輕一敲，灰燼落地，歸於塵，歸於烏有。年少時，也曾經相信，俗務、塵緣，乃至感情，都可以像煙灰這般，以一個瀟灑的手勢彈去。

「年少時」，是一筆總是出格的行書，留在昨夕的日記上猶有餘溫，卻在顧盼間早就墨瀋已乾。彈指而去的，原來並非塵緣與俗務，而是禁不起張牙舞爪的青春——一襲看似斑爛實則寒傖又不經用的百衲衣。

重臨壽山，已無階可登，一路驅車盤桓而上，風掠過、雲飄過、輪子輾過。成了屍體的七千個日子，平鋪在記憶的過道上，回首向來蕭瑟處。也無風雨也無晴，那確實是一個濃雲像棉絮堆積的夜晚，四月或五月？我們拾階而上。

我們，穿著華麗百衲衣的少年，有著崢嶸頭角、聒噪的嗓門，以及勇於將酒杯擲向藍天的豪情。

那一晚，我們是從青矗家裡出來的吧？薄醉成歡，滿心滿懷躍動詩情。

不知誰提議的：提著燈籠上山！為的去尋找各人命定的草——青矗的燈芯草、豐吉的還魂草、季瑜的長青草、振江的幸運草、海然的毋忘草、慧珍的含羞草，還有我的忘憂草。

兩盞紙紮的燈籠，燭光明明滅滅，像煞青塚堆的流螢，引領著一羣騎驢尋章覓句的李賀。

許多年後，我依然常在流螢的微光中夢迴壽山，倒是再也記不得那一夜是怎麼下山來的。

也是許多年後，在台中公園門外擁擠的人羣中，看到身披紅綵突出於人羣之中的燈芯草，壽山的景象驀地推到了跟前，李賀的形象卻退得好遙遠，我想起那七株玲瓏自矜的草，有著難以抑制的悵然。

其實，悵然是不必要的，「夜深忽夢少年事，夢啼妝淚紅闌干」，是無奈，何嘗不是無聊！而誰人不是在無奈與無聊中，走自己的路，背自己的行囊，舐自己的傷口？

然而，竟然有朝一日又回到了南方，又登臨五月火鳥滿山紛飛的壽山頂，儘管花開非故樹、雲駐亦哀絲，少年看山非山、看水非水的朦朧情懷，仍舊是這樣頑固地襲上心頭。

明知是傻，卻依然要問你們：在這多年漂泊的行途中，可曾找到那株——燈芯、還魂、長青、幸運、毋忘、含羞——疑被青鳥啣去的草？

至於我，讓我也告訴你們吧！俗務、塵緣畢竟還是多情地羈絆著我，既無暇去憂，則自然而「忘憂」，如今，我真是道道地地的忘憂草。

方印表寸心

十年前，寧之訂婚時，那一半贈給她的信物，不是璀璨的鑽戒，也不是黃澄澄的金戒子，而是一方刻著「文章知己患難夫妻」的圖章。他說：這是賣不掉的婚戒，也更具有意義。

婚後，生活中雖充滿柔情蜜意，但也不乏辛酸苦辣。在悽冷的寒夜裏，看著他為讓妻兒生活得更好而辛勤筆耕，一燈昏黃，斯人憔悴，究竟該怨「翡翠衾寒誰與共」？還是勉作「紅袖添香伴讀書」？原來凡事不過在於自己的一念之間。

三千多個日子過去，捱過多少艱難歲月，最窘迫的時候，兩人的家當竟只剩下這方八字鮮明的圖印，誠如當初他說的：這是賣不掉的婚戒。

文章知己、患難夫妻。誰出得起價！

在朋友處，看到這方別緻的訂婚信物，聽來這個感人的婚姻，讓我突發妙想：在金價飛漲聲中，有情人何妨效顰，贈他一只訂情之印。

春暖花又開

這是一個令我難忘的婚禮。

許家伯伯挽著新娘子拜過祖先後，在高燃的紅燭前，接受四個女兒和一大羣小外孫叩頭，四個「半子」，則因丈母娘堅持，改以行鞠躬禮。

大約在四個月前，雅麗打電話給我，說是要我陪他去做媒，我笑她，閒得無聊，幹起媒婆來。沒想到她竟是替她老爸去說親的，當時真把我給嚇一跳。

還依稀記得，十多年前，許伯伯曾有意要續弦，雅麗她們姐妹，不惜站在一條陣線上，使出種種奇招，軟硬兼施地抵制父親再娶。

那時我和雅麗剛考上一所大學，雖不同系，但從小兒一塊長大的鄰居，交情非比尋常，有事沒事總膩在一起。有天，雅麗鐵青著臉告訴我，說她父親正和一個女人大談戀愛，準備要結婚，她們四個姐妹都焦急得很。

雅麗的母親，在生下她么妹後不久就去世了，留下四個女兒，最大的才七歲，可真正苦了她們，當教員的父親，不過許伯伯很盡職，在女兒們的心目中，爸爸是嚴父兼慈母的化身，因此她們不需要別的女人來插足，同時四姐妹也相信，爸爸有她們四個乖女兒就足夠了。

知道父親有再娶的打算，使雅麗很憤慨，她認為爸爸喪偶十年，已過了不惑之年，突然又大動凡心，不知道對方有多狐媚，多厲害，這種女人來做她們的後母，怎麼得了！因此，她發誓一定要阻止這樁荒唐的婚事。

首先雅麗領著三個妹妹，聯名寫了一封信向父親陳情，表示絕不接受「第三者」進入她們家，這封洋洋灑灑數千言的陳情書，寫盡她們父女平日樂融融的天倫樂趣，也陳述一些後母虐待前妻子女的惡例，幾乎是一字一淚，十幾頁的信紙上，還有姐妹幾個刻意留在上面的淚痕。

四姐妹為阻止後娘進門，不僅上書父親大人，還到鄉下搬出外婆、阿姨，雅麗身為長姐，更單槍匹馬地，去找那個父親的女友談判。

許伯伯的這段姻緣，在四個女兒協力棒打之下，告吹了，以後他也不曾再提起續娶的事，卻想不到這曲沒有演奏成的「第二春」，延到十幾年後，又昇起悠揚的旋律。

以後聽雅麗說起，才曉得，許伯伯差點下聘的這位女友，原是與他同校任教的一位年輕女老師，她為了愛許伯伯，不顧家中父母反對，勇氣十足的準備去當四個女孩的後母，未料孩子的阻力竟這麼大。雅麗找上她時，劈頭第一句話就是：「我們不歡迎您，您那一天進我們家的門，我們四個姐妹就那一天搬出去。」

父親的婚事硬是被否決掉，四個女兒卻在十二、三年間，陸續地匹配了良緣，各人有各人的家，老爸爸則孤伶伶的住在學校宿舍裏，他不肯去依附女兒生活，公餘閒暇，一個人寫寫文章，拉拉胡琴，看來愜意，日子卻是冷清得很，偶爾生點小病，更見形單影隻，令人不忍。

雅麗她自從結了婚，就開始為自己當年的自私和莽撞感到後悔，三年多前，最小的妹妹也出嫁了，她看到老父為女兒辛苦一輩子，落得成為一個孤單老人，心中難過，自疚更深，卻不敢回過頭來和父親談續娶的事，因為她看得出，父親一直沒有拋開十多年前的那段情，賦詩作畫，筆底總有那個叫「曼清」的女友的影子。

也許確是姻緣天註定，今年春節期間，雅麗參加旅行社辦的一個觀光團，到東南亞遊了一趟，想不到結識同團的曼淑，正是曼清的堂妹。雅麗由曼淑口裏得知，曼清在婚事受挫後，出國去唸了幾年書，回國來，就應聘在一所專科學校任教，但一直虛度芳華，不曾結婚。

雅麗心中受到的激盪，簡直無法形容，她在結束行程，回到家後，迫不及待要做的第一件事情，就是促成父親和曼清的姻緣，她祈禱一切都還能來得及彌補。

儘管蹉跎了十多年的大好歲月，許伯伯跟曼清姨這對有情人，畢竟結成了連理，尤其是帶著女兒們的衷心祝福步進禮堂，在燈光下，看到許伯伯的笑是那麼得意，曼清姨的眼裏更有掩不住的喜悅。

阿財的菜攤

阿財的菜攤侷促在市場的一角，雖然是那樣不起眼，卻像掛有一盞明燈，總吸引我到他的地攤挑挑撿撿的。

由於攤子實在小，阿財賣的菜蔬種類也很有限，幾顆白菜、一些紅蘿蔔和空心菜之類的葉菜，而我已習慣先到他的攤上選好菜，再往別處補充一些他沒有的，一年多來，我們已建立起良好的主顧關係。

在這座大市場裏，阿財的菜攤真是小得可憐，尤其他沒有菜架，席地在一個豆腐攤的右下方，要讓人發現，還真不容易，我也是有一回買豆腐時，瞥見腳邊有幾顆晶瑩的苦瓜，順勢彎下腰來挑撿一個，卻意外地發現菜販是個很特別的人物。

他正在找錢給另一個客人，畸形的左手吃力地挾著帆布袋，另一隻手往袋裏掏錢，身子半蹲跪在地上，下肢也明顯比常人細短得多。我選了一個苦瓜後，又抓了些別的菜，看他那副費勁的樣子，心老大不忍，自己主動把菜塞到塑膠套裏，算帳後，習慣的向他要些蔥，他說沒有蔥了，滿臉的歉疚，隨即竟塞了一根青蒜給我，那時青蒜剛上市，價格貴得很，我趕緊又掏出個五元的硬幣遞給他，他卻堅持不要，從此以後，我成了阿財菜攤上的常客。

他不像其他菜販那樣，叫叫嚷嚷地招喚客人，也不曾和人談笑風生，但生意卻逐漸地好了起來，我冷眼觀察，發現許多主婦喜歡到他攤子買菜，倒並不是出於對殘障者的同情心，而是對這個年輕的菜販，產生了信任感，即使你在選菜時不慎看走了眼，撿了一個空心蘿蔔，阿財也會主動的幫你挑一個好的，他不會故意讓客人上當，只這一點，就夠買菜的主婦高興了，更何況他對顧客索薑要蔥，從不嘀咕，有時給完了，他也會跛著腳，到對面向別的菜販分些蔥來，東西雖不值什麼，但那份誠懇，倒真繫住了許多主顧的心。

從外貌看，阿財總有三十靠邊了，但他那特別瘦小的肢體，使他看來像是還沒有發育長成的孩子。我一直不知道他是怎麼把菜運來市場的，每天又是怎麼收攤，在我猜想中，一定是他的父母或兄弟幫的忙。

直到有一天，因為要在家裏請客，趕大早到市場採購，才發現阿財竟然有個賢淑能幹的太太。

那天，才踏進市場，就看到阿財一拐一拐的身影，一名年輕女子，揹著孩子，用推車推著兩簍筐的各色蔬菜，走在他旁邊。阿財看到我，露出他那慣有靦腆的笑，指著身旁的女人說：「阮牽手跟囝仔啦！」

阿財太太黝黑的臉上也露出一絲笑容，跟她丈夫相同拙樸木訥的模樣，但身手卻俐落得很，她熟練地擺好攤子，又到附近買來兩個糯米飯團塞給阿財，然後解下背後的娃娃，讓他吸了一會奶，才又匆匆地揹起孩子離去。阿財告訴我，他太太在一家自助餐館打雜，大早就要趕去幫忙。

近半年來，阿財攤上的生意，已使他有照應不過來的困難，攤子雖然還是那麼小，但批發來賣的菜蔬項目，已增多不少，為了盡量利用那塊方寸之地，每樣菜都被堆得像座小山，而時常還會出現供不應求的情形，他這「老實財仔」的名聲，已在買菜的主婦間傳開了。

生意好，阿財的苦也吃得大，一隻手殘廢，裝菜、找錢，樣樣費力，買菜的人一多，常見他額上掉下大顆、大顆的汗珠，又忙、又急，就苦於應接不暇，偏偏他那老老實實、和和氣氣的態度，又引來特別多的顧客。

今天買菜時，阿財喜孜孜地告訴我，他要「搬家」了，他指著市場內一個空出來的攤位說：已租下那個菜架，不久就要易地開張。他還說：趴在地上賣菜，實在不好受；讓客人蹲下身在挑菜，更是過意不去，所以他太太決心拿出所有積蓄租下菜架，以後他就可以直著腰做買賣了，而且有了菜架後，地方大，可以賣更多的菜，阿財太太已準備辭掉目前的工作，來做丈夫的幫手。

離開阿財的菜攤，眼前仍不斷地浮現他那掩抑不住的興奮神情，突然間，我發現上天待他實在是不薄的。

外婆的錦囊

外婆一向節儉成性，十年前外公去世後，她輪流住在兩個女兒處，母親和阿姨都定時地給她錢零花，兩個女婿也經常八百、一千的孝敬老泰水，而外婆卻一分錢都要算計著用，因此私房錢還真不少。

老人家喜歡搭會和打金子，搭會是貪它的利息，因此她非不得已，很少在中途標會的，總是等到尾會時，收整筆的會款，然後拿這大把鈔票，上銀樓買自己喜歡的手鐲、金戒子的，可是自從五、六年前，連續發生了兩樁破財的事，使外婆大為傷心後，她從此再也不曾和人來會，金飾也不買了。

大約六年前，外婆和鄰居的一個太太搭了兩個會，一個五百、一個一千，每會都有三十多個「會腳」，正當外婆喜孜孜地算著什麼時候可以完會，達成零存整付的願望時，沒料到那個當會首的太太卻宣布週轉不靈而倒會了，結果外婆的會款硬是一毛錢都沒能收回來，她又面慈心善，不肯傷了多年街坊的感情，並不上門去逼債，只等著對方有錢再還，可想而知的，這些錢是註定泡了湯。

更氣人的，第二年，阿姨家遭到小偷光顧，把外婆一對五兩多重的龍鳳金手鐲竊走了，這付手鐲原是外婆私下備著當「棺材本」的，失竊後，使她老人家整整有一個月的時間茶飯不思，難過極了。

以後，就再也沒有見到外婆搭過會或添金飾，倒是經常見她拎著一個小布包出門，每個月總有三、兩次，家裏人都不清楚她葫蘆裏賣的什麼藥，只笑說：她老人家竟然效法諸葛亮，也有了「錦囊」妙計。

直到有一天，外婆要我給她在報紙上登個遺失圖章的小啓事，我才知道，原來外婆的錢都存到郵局裏去了。而且不只是活期存款，也有定期儲金和儲蓄保險。

這個意外發現，使我很驚訝，因為七十多歲的外婆，一向不願和銀行之類的金融機構打交道，她識字不多，嫌存款、提款時，必須填單子，太麻煩，如果要兒孫去辦，又失去了「隱私權」，為此老太太對這種現代化的存款方式，一直都是排斥的。

知道外婆的這項秘密後，我好奇的問她老人家，自己去存款、提款時，填單子怎麼辦呢？她說辦法多得很。原來她每次提、存的數目都不大，有時拜託同時在郵局辦事的其他客人代填，也有時請櫃台的小姐幫忙，好在老太太嘛，人家基於尊老敬賢，倒都樂意幫她這點忙。

外婆得意洋洋的告訴我，她也是費了好大一番心思考慮，才選定把錢存到郵局去，老太太的理由是：住家附近就有小郵局，幾步路就可以走到了，十分方便，而且禮拜天上午不休息，爸爸和姨爹通常都在週末孝敬她錢，要她假日找伴兒出去看看玩玩，她正好把錢存了進去，有時孫子們向她告貸，也來得及去提錢。

辦了活期存款之後，外婆又由郵局職員的介紹，知道有定期儲蓄、儲蓄保險、郵政禮券等等的名目，她興趣可大得很，樣樣都插上一腳。今年初，大弟結婚時，老外婆送給外孫媳婦的進門禮物，竟是一紙一年期的一萬元定期儲金券，老太太算盤打得真妙，她說：一年後，這一萬元不僅多出一筆利息，而且正好迎接外重孫子誕生，這叫「有備無患」。

兩位堅強的女性

對面空地正在起房子，每天閒著無事時，陪小兒子站在陽台上，看那些工人打樁、砌牆，在炎炎烈日下揮汗趕工，其中有兩個是女工，她們戴著斗笠，穿著長袖衫、長褲，全身裹得緊密，也一樣地挑磚、拌土，動作十分俐落。

有一天，因為兒子擲小皮球，不小心飛出陽台，掉落在砂堆裏，我下樓去撿，而認識了正在操作混凝土機器的罔市，也連帶地和另一個叫玉英的搭了訕，一回生，兩回熟，從此以後，我經常邀她們在中午休息時，到家裏來坐坐，喝點冬瓜茶、綠豆冰。

罔市快五十歲了，雖然臉上已爬滿風霜的痕跡，但做起粗活來卻矯健得很，她說做了十多年的泥水工，不但讓她跑遍中南部的大小城鎮，也使她的胳臂、腿兒，都和男人一樣的粗壯。

十八年前丈夫去世時，目不識丁的罔市拖著三個孩子，老大才五歲，最小的女兒還在襁褓中，親戚朋友都勸她要再找個依靠的人，但她思前想後，就是不放心，她怕別人不會疼她的孩子，結果毅然絕了再嫁的念頭。

起初，她把積蓄拿出來做小生意，卻因吃了倒帳，血本無歸。既不識字，又沒有一技之長，找事做還真難，走投無路之餘，便跟一名做建築包工的鄰居幹起小工來，沒想到，一做十多年，而靠著這份苦力，居然也把三個孩子撫養長大了。

罔市的兩個兒子，都已經上大學了，小女兒今年夏天可以從高商畢業，三兄妹從小就跟著母親學到吃苦耐勞的勁兒，寒、暑假一樣地打工賺錢，替母親分勞。

罔市自謙是個粗人，也只能幹粗活，對孩子並不懂得該用什麼大道理去教他們，唯一常掛在嘴邊告誡子女的一句話是：「你們媽賺的是清清白白的血汗錢，你們可要有良心，自己爭氣！」

我問她：兒女都大了，馬上各自成家立業，該可以享老福了。她卻大不以為然，說是還沒有到七老八十的動不得，真不做做事，活著也覺得怪無聊的。

長得纖秀白淨的玉英，不穿工作服時，真令人看不出，她也能一肩挑起沈重的砂土磚頭，她丈夫和罔市有點沾親帶故的關係，也因此，半年多前，丈夫因案坐牢後，玉英便跟著這個遠房阿姑幹起小工來。

玉英才二十來歲，丈夫是青梅竹馬的同鄉青年，夫妻兩人由鄉下到城裏來，先是開了一家電器行，生意很不錯的，但丈夫年紀輕，心性浮躁，在花花世界裡沒能夠把持住，才剛賺點錢，就交上一些混混的朋友，成天往風月場所鑽，沒多久生意就垮了，不僅負了一身債，而且犯了票據法和詐欺罪，被判刑兩年六個月。

所幸沒有兒女施累，玉英便一心一意要多賺錢，替丈夫償清票據的罰金，好讓他早點恢復自由，因此她不到工廠當女工，而幹起一天可以賺到五、六百元的這種粗重工作。

罔市悄悄告訴我：玉英為避免丈夫在牢裏多心，也不敢去找店員、餐廳女服務生之類的差事，她省吃儉用的存錢，只盼著先生趕快出獄，兩個人好再重起爐灶。

每回看到我家客廳滿架子的書，罔市和玉英就說：「羨慕你們書讀得多，道理也懂得多。」卻不知道，我由她們身上，悟到真正的愛的真義和道理。

巧婦

好友寧之的家搬到南部來後，幾次過往，使我驚訝於即使在平凡、瑣碎的生活中，也一樣可以如詩如畫，只看你如何安排了。

寧之住在一棟公寓的三樓，三十多坪，室雖不大，但認真收拾起來也不省事，尤其身邊還牽絆著三個小蘿蔔頭，都是正須要費心費力照顧的時候。可是，寧之就有辦法在忙碌的家務中，調理出一室悠然、滿屋恬靜。

第一次上寧之家，我就為那特殊悠雅的氣氛吸引住，算得上寬闊的客廳裏，沒有時髦的酒櫃，倒有倚牆架起的兩排大書櫥，上面的書籍琳瑯滿目，只見從最通俗的「老夫子」漫畫，到經典古籍、外文書刊、林林總總的真正是兼容並蓄。

她家還訂了三份報紙、兩份雜誌，整個客廳倒像是一間圖書館的閱覽室，只不過在佈置上典雅得多。曾經潛心研習過插花的寧之，一點都沒有浪費她的所學，她在電視機和矮茶几上，各擺了一盆鮮花，平平常常的幾株花草被安排得趣味盎然，也使滿室書香之外，更隱隱地浮動著花香。

寧之的先生是一名中級公務員，她為了照顧孩子，幾年前辭去教職，在不算十分豐裕的收入下。要為家人安排這樣詩情畫意的舒適環境，顯然並不簡單，而寧之卻做得從容而順心。

最主要的，寧之在收支上，做了很得當的調度，她雖盡量節省不必要的開支，但月支預算裏卻編有固定的娛樂費，最妙的，她把買花、購書訂報的錢，都歸在這個項目下，數目不算多，可也佔了娛樂費的大半數，剩下的則多半用在旅遊上。

寧之告訴我，除非有特別值得欣賞的片子，他們難得去看電影，但一家人每個月至少有兩個假日要出外走走，通常他們攜帶自製的三明治、滷蛋，備妥茶水和一些小零嘴，搭上公共汽車，到市郊去野餐，有時就只在市內的公園逛逛，小孩們有吃、有玩的，比什麼都樂，夫妻倆則正好趁機再溫婚前的甜蜜。

此外，遇有書展、花展的時候，他們就會換節目，一家五口，各帶各的儲蓄金、零用錢，浩浩蕩蕩地去湊興，她家陽台上擺了不少花草、盆景，都是逛花市時買來的。

平常，寧之不但鼓勵孩子節省零用錢買書，也教他們利用零碎時間看書。

先生瞭解太太重視精神享受，講究生活情趣，無形中也細膩了起來，遇到一些值得紀念的日子，總費盡心思送些她合意的禮物，今年結婚紀念日，寧之收到的便是一棵盆栽玫瑰、一紙詩箋，以及厚厚的四冊全宋詞。

結婚十年，稱得上是老夫老妻了，可是寧之依然保持著談戀愛時的俏皮。偶爾，她會把孩子託給婆婆或母親看顧一晚，偕先生悠哉遊哉地去逛逛夜市，到舊書攤「挖寶」，或者就在家裏擺起臨時的咖啡座，一盞昏黃的小燈，兩個人在優美的旋律中，也許輕擁一舞，也許就偎依著享受那無聲勝有聲的情意。

看到寧之這樣運用巧思，織錦一樣地安排著生活，讓一家人的日子過得興味無窮，我恍然悟到，一個母親、妻子，除了執鍋鏟、洗尿片和算進算出之外，還要努力不懈地去提高生活的境界，這境界的高低，往往便影響了她周遭人的一生。

單身女郎雙人床

柳條低垂，煙波浩瀚的湖上，一葉扁舟輕盪，彷彿依稀聽得到槳落處的琤琤水聲，以及舟上人兒的喁喁私語。

那畫面固然令人神往，但最吸引人的毋寧是印在水湄盡處的兩行細字：

「只要你肯在我的船上，

你是我最甜蜜的負荷。」

千言萬語，盡此一句已足夠矣！相信有不少情侶擁有，或曾經擁有過這樣的一紙書籤，薄薄的、輕輕的，卻偏是沉甸甸地讓人透不過氣來。

是負荷，而竟能甜蜜！這是怎樣的一種相屬感，及生死不渝的認知！還有什麼能比這更貼切地來詮釋「情」之一字？

然則，果真是時代變了？如今卻有不少女性，尤其是知識女青年，在她們的新愛情觀裏，顯然不屑於做為別人的負荷，也不甘心於去負荷別人。

何以見得？「台大青年」的一項問卷調查，至少便透露了這項訊息。這份大學的校內刊物，最近一期特以情感為主題，向校內男女同學發出問卷，其中一項問及對「同居」的看法，結果在回收的四百九十一份有效問卷中，竟然有百分之五八・七的女同學認為同居是可以的。看了這則報導，能不令人對台大人的不同凡響更加的刮目相看嗎？

同居者也，中國人一向用的字眼是「姘居」，不僅粗俗且具有輕蔑之意；近年來則有一個比較時髦的代名詞曰「試婚」，而單就法律觀點來說，則是兩個沒有婚姻關係的男女居住在同一個屋簷下。

在這些對同居不以為忤的台大女生中，有一部分的人相當乾脆，認為只要兩情相悅即可同居，換言之，也就是只要「來電」即可，至於可能造成「漏電」的不良後果，也就無暇多加計較了。這種浪漫情懷，雖十足的反傳統，但對奉行及時行樂主義者，她們的想法倒也不難理解。

倒是另外較多數的女生認為：只要對方肯為後果負責，即可同居。加了這條「但書」的尾巴，反叫人百思莫解了。何謂「為後果負責」？想來只有一項合理的解說，亦即在同居之後不巧成了未婚媽媽，這時男主角肯以最快速度抖開紅毯，牽引著女主角步進結婚禮堂。

是這樣嗎？果真如此，又令人不免要替這些擁護同居的新女性擔心，她究竟要如何取得保證呢？讓對方在同居之前預先立下切結書？但受過高等教育的女青年應該十分清楚：這是毫無法律效力的。

退一步言之，婚姻的成立，淪落到勢必要奉兒女之命乃行之，那不真的成了「兒」戲了嗎？如果萬一一直沒有這種後顧之憂，那麼是不是兩人就這樣一輩做「同居人」呢？理由又何在？難道真的是方便於好聚好散，分手時只要揮一揮衣袖，不帶走一片雲彩？

情是何物？在這些新女性的眼裏，「生死相許」已是陳腔濫調，不合時宜，她們的說法是：「今日緣近，且相濡以沫；他日緣盡，莫相忘於江湖」，有如此瀟脫的胸襟，就難怪她們更樂於做隨「緣」的情婦，而無意當被牽手的妻子了。再看台大的男生，反而保守得多，他們在問卷上強調：「弱水三千，只取一瓢」，並且認為感情是「正當與嚴肅的事」，癡得可愛，但只怕要被前進的新女性們視為笑柄哩！

其實，台大女生也只是敢於順應潮流罷了。近幾年來，「快樂的單身女郎」已經成為一個響亮又充滿誘惑力的名詞，而「單身女郎雙人床」更已不是什麼新鮮話題了，如今，國內的「試管嬰兒」誕生了，眼看墮胎合法化也勢在必行，凡此種種，對愈來愈多不想套進婚姻枷鎖的女性們，應是佳音。

問題是：女人與男人，一旦只有共上牙床的興趣，而竟沒有風雨同舟也要共渡的心理，那又將是怎麼樣的一種世界呢？令人不敢想像。

華筵路邊開

也許你也參加過像這般極具鄉土情趣的路邊宴會，在大街旁搭起帳幕，華宴宏開，少長咸集，充滿了喜氣與歡笑。

本省北部，近年來已絕少看到這種席天幕地的喜筵，而在南部，尤其是港都高雄，卻是隨處可見，娶媳婦、新居落成、做壽等等，都是大喜事，主人家為廣宴親朋，又求經濟實惠起見，於是在住宅附近的騎樓下或馬路邊，擺起了長龍式的酒席。當華燈初上之際，客人絡繹而來，絕大多數且是闔第光臨，一時笑語喧嘩，杯觥交錯，在逐漸低垂的夜幕下，譜出一支熱鬧的大城小調。

筵席擺在路邊，廚房也是露天的，大鍋、大鼎，各種特大號的廚具一一登場，杯盤碗筷也用大簍筐裝著，而洗菜及清潔碗盤，用的正是一般人家的鋁製澡盆。

有時，這種路邊宴會，也會移到學校或區公所，民眾服務分社的禮堂舉行，而廚房便往往與廁所為鄰，比較週到的大師傅，會同一道塑膠布做的屏障，暫劃楚漢界限，不過，即使不這樣，多半參加的客人也不十分在意，一樣地能夠主客皆歡，吃得杯盤狼藉。

在高雄市，有不少專門承辦這種筵席的廚師，他們有別於一般餐廳的外燴，通常一組人有主廚、二廚各一人，下手二至三人，端菜的「跑堂」則視桌數調派，通常二十桌以上的酒席，總要有十個以上的人手，才忙得過來。

他們供應的菜，和一般菜館並無多大差別，開始是拼盤，而以甜點和水果壓軸，中間有十至十二道菜，菜色普通的，以目前的價格，大約一桌在二千元左右，比起餐廳來，至少要便宜三成，而且內容紮實，份量夠，也因此，這種台式宴會的生意，歷久不衰，儘管近年來，各式餐館競相開張，但它依然一枝獨秀，並沒有受到太大影響。

赴這種路邊宴會的客人，通常還真是吃不了兜著走，散席前，主人家擔任招待的，會殷勤地送來塑膠袋或紙盒子，請客人把桌上沒吃完的東西，盡量包走，因此，除了湯湯水水的外，大約席上的乾料，到席終人散時必被一捲而光。事實上，為了使客人更能滿載而歸，很多包辦這類筵席的廚師，都在主人叮囑下，把最後的甜湯改為養樂多之類的瓶罐裝飲料，八寶飯也由一塊一塊的蛋糕替代。

華筵設在路邊，香聞十里，常引得路人垂涎欲滴，據說有這麼個笑話：有一天晚上，一位年輕的機車騎士，在路經這樣的「餐廳」時，也許他正飢腸轆轆，也可能是酒菜香味太迷人了，他一時沒把穩龍頭，機車竟直闖帳蓬，一時希里嘩啦，竟連續撞翻了三桌，有幾個人還受了傷。

騎士聞香下馬，殃及正大快朵頤的客人，主人真是不勝尷尬之至！這該是這首小調中的異常變奏吧？

現代化的集市——流動商展

年長一輩的人，大約都聽過「趕集」這個名詞，有很多人甚至親身經歷過這種活動，它是農業社會裡，用以進行商品交流的方式之一。

所謂趕集，是在一個特定的日子，例如每月的三、六、九日，或者逢五、逢十，這一個區域內的農人、商人，都集中到這個地方來，各人帶著自己的貨品，物物交易是主要的方式，城裡的商人帶來花布、香粉、食品，換走了農民的米穀什糧，加上各種吃食攤子，雜耍班子，走江湖的，也到集場來湊熱鬧，所以逢集的那一天，附近的人，都會收拾乾乾淨淨，到集場上逛逛，見見世面。

不用說，這是相當古老的商品展示會。

時代進步了，商品的介紹、銷售，不需要那種古老的交易方式了。新式的商展，佈置得富麗堂皇，大小廠商齊集一堂，入場參觀，還要買門票。

在高雄市，卻有一個介於古老與現代之間的流動商展，美其名曰「商展」，實際上和從前的趕集一模一樣，不過更為機動化而已。

高雄市的流動商展，很可能在國內是最具規模的，值得好好地加以介紹。原來，所謂「流動商展」，是幾十個甚至近百個攤位聯合起來，星期一到星期日，每週七天，每天在固定的地方營業，例如星期一在小港，星期二在苓雅市場，星期三在內惟．．．如此週而復始。

他們每天做生意的時間，是下午七時到十一時，六點多鐘，車子一輛接一輛開到目的地，然後搭起木架，放上貨品，有些攤子還自備麥克風，華燈初上之際，整條街上都是攤位，看起來頗為壯觀。

這些流動攤販所賣的東西，有衣服、日用品、文具，甚至還有家電製品，說得上是應有盡有，再加上各種吃食小販穿插其間，愈發顯得熱鬧異常。

「商展」會場的東西，平均比百貨公司或一般商店，約便宜二至三成，不過也是漫天要價，就地還錢，還要看顧客的殺價功夫。絕大多數的攤位是家庭化經營，一家三數口幫忙照應，不須要支付薪水，地攤免付租費，加上貨物是直接批發來的，在這種情況下，他們便創造利潤而分享顧客，許多擅於精打細算的主婦便成了他們最忠實的顧客。

別以為便宜沒好貨，事實上很多貨品確實不賴，呢質的大衣，時髦洋裝，也都能在這些攤子上出現，這也提供了一些較偏僻地區居民一個開眼界的機會，所以流動商展每週出現一次，卻也為當地帶去不大不小的繁榮。

探究流動商展的起源，大約在十多年前，就粗具雛形，那時有一些賣布帛、日用品的小販，結集著行走四方，推銷物品，他們三五成羣，在離市區遠的幾個鄉鎮流動營業，主要是結伴做生意，人多、貨多，比較能夠吸引人，不過，當時的情況可絕沒有現在這樣風光，每個小販頂多一輛單車，或三輪腳踏車，沒想到經過一段時日的發展，到近幾年竟成了聲勢浩大的商隊。目前在高雄市，這種成羣結隊的巡迴攤販，不下五、六隊之多。

今天的流動攤販，已不是當年沐雨櫛風，奔波於鄉下地方討生活的小角色，他們都有自備的小貨車，車上附帶摺疊式的攤位架子，雖然經營的不是大進大出的買賣，可確是收入紮實的生意，不僅養家活口有餘，很多攤販在多年辛勞和積蓄下，都購屋置產，成了百萬富翁。

另一方面，這種巡迴流動攤販的存在，也使一般正式的商店深惡痛絶，更因為影響交通、妨礙市容，警方也感到頭痛，不過，無可諱言的，高雄市如果少了這些饒富古趣的集市，夜市的光采是會黯淡一點。

三都絮語

從北京飛往鄭州。

盤旋腦海的不是前門飯店梨園劇場的粉墨箏琶，而是景山公園那塊寫著「明思宗自縊處」的石碑。一個九五之尊的帝王在這裡上吊，一個王朝也在這裡畫下了句點，多富戲劇性的遺跡，難怪遊客爭相在碑前留影，即使碑後已不是當初吊死皇帝的那棵樹了。

遙想當年，李自成殺氣騰騰地闖進北京城，崇禎皇帝狼狽逃離錦繡宮殿，一路踉蹌前行，心裡猶在痛苦地吶喊：「朕非亡國之君！」不覺已來到了當時仍稱為煤山的這座小丘陵。崇禎是立意要到此尋死的嗎？想來未必。當他揮劍斬殺認為不可受污於賊子的金枝玉葉之後，不是也可以一劍了結自己，又何必倉皇出走，大大地有損身為帝王的形象？逃命是出於一種本能，但一旦登上了煤山，天地悠悠，才驚覺到自己可真正是孤家寡人了，祖宗的江山，兩百七十五年的王朝，已註定要在自己手上斷送，天地雖大，又那有容身之處。

朱家天下雖是結束於崇禎皇帝，但他並不是明朝最壞的一個帝王，明朝的十七個皇帝，沒有幾個像樣的，這已是史有定論。明思宗朱由檢做了末代的亡國之君，咎不全在於他，但也只能到黃泉地底跟自家的列祖列宗去弄清楚這筆帳。

站在景山公園山頂上可以遠眺故宮博物院，如今它是京城附近居民休閒的好去處，晨間到此運動的人頗多，進公園要買門票，但北京市民可以購買月票，不限進出次數，而且便宜許多，他們對這塊標明吊死了一個皇帝的石碑，倒都視若無睹的。

鄭州不是我們此行的目的地，離開明清故都的北京，緊跟著要探訪的是更古老的都城——開封、洛陽與西安。這回結伴同行的十三個人，幾乎個個都是北京的老遊客，開封、洛陽卻都是首度造訪，西安則只有一人曾經去過，但那也已是十年前的事。因此，三都之行才是此行的主軸。

懷著思古情懷來到開封的訪客，多半不免會有些悵惘。地勢比水平面低的開封城，僅明末及清道光年間的兩次大水患，就很徹底地洗劫了這座七朝古都，開封如今最貨真價實的古蹟，也僅剩一座宋代遺留下來的「開寶寺塔」。趕在日落前，來到這座被開封人稱為鐵塔的古塔下仰望，但見赭色琉璃磚鑲砌而成的十三層塔身，在夕陽餘暉映襯下顯得格外孤寂。

對開封的嚮往，很大的一部份因素來自於對張擇端「清明上河圖」的感動。這幅長卷風俗畫，鉅細靡遺地描摹北宋時期京華盛景，官船搖櫓來往於汴河，尋常百姓碌碌於討生，甚至「東京夢華錄」記載的各式車子如太平車、浪子車、獨輪車等等，都可以在圖中一一找到。

開封為了滿足來此尋夢的遊客，更藉此替自己廣闢財源，近年已陸續建成「宋都御街」、「清明上河園」的旅遊景點，可惜的是經營上太粗糙，讓觀光客反覺畫虎類犬，枉走一遭。但開封也有令人驚喜的一面，夜市即為其一。

雖然大陸開放以後，各大城市已經紛紛出現夜市，並以食、衣為主，但開封夜市的長、密、多，更足以讓外來客流連不去，其中又以鼓樓廣場夜市最為熱鬧，開封各式各樣的名點、小吃，沒有在這裡嚐不到的。其實，夜市之於開封可謂源遠流長，「東京夢華錄」便明白記載：「夜市直至三更盡，才五更又復開張，耍鬧去處，通宵不絕。」這也間接呈現北宋在開封（當時稱為東京）定都一百六十七年期間，這裡的人曾經是過得多麼的有滋有味，直到金兵南下，擄去徽、欽二宗，繁華遂成煙雲。

拜別府衙正在擴建中的青天包老爺，齒頰猶存開封名產花生糕的餘香，途經嵩山也見識到已變成超大武術商城的少林寺後，載著我們的中型旅行車不知不覺已行駛在梧桐夾道的林蔭大路，洛陽在望。

與北京的秋高氣爽相較，洛陽顯得霧濛濛的，憑添一種恰合其古都意象的迷離氣氛。擔任地陪的小張卻很快就戳破大家的這層幻想，原來洛陽的空氣品質不佳，霧非霧也，乃是工廠排放的廢氣，以及近郊農民無視禁令燃燒稻草的濃煙。

那位小時候就懂得打破水缸救人、長大後也果然頭角崢嶸的司馬光，曾經作詩提醒大家：「若問古今興廢事，請君只看洛陽城」，司馬先生是北宋初期的政要兼歷史學家。的確洛陽在北宋之前公元前七七0年開始，即有東周、東漢、魏、西晉、北魏、隋、唐、後梁、後唐等九個朝代在此建都，前後長達九百年之久，其間自然演義著不少輿圖換稿、帝王興替的大事。然則洛陽做為中國最著名的古都之一，它長久受人垂青的並不只在於曾為帝京，更令人心神震盪的毋寧是那一道一道閃爍於歷史長河的文化光芒。洛陽紙貴，固然說的是晉代左思《三都賦》的一時風行，但此外，班固的《漢書》、許慎的《說文解字》、王充的《論衡》、酈道元的《水經注》，乃至於司馬光的《資治通鑑》等等，都是在洛陽問世；甚至於佛教東傳，譯自梵文的第一部佛經，也完成於洛陽的白馬寺。

曾經如此文采風流的洛陽城，如今正以他強調的「古城新姿」展現截然不同的面貌。拖拉機廠、礦工機械廠、銅加工廠、軸承工廠等大型重工業不斷進駐，已使他成為關中地區的重要工業城，瀰漫城內城外的霧因此經常久久不散，甚至影響到航機的起落，也使初度來訪的遠客總能產生瞬間與古相逢的錯覺，只是畢竟短暫。

當然，洛陽人不至於笨到無視祖先留給他們的豐碩遺產而不加利用、不加炫耀。龍門石窟的慘狀，雖已到十窟九殘的境地，奉先寺盧舍那巨佛仍是洛陽最傲人的地標。每天都有來自各地的中外遊客絡繹不絕，他們來到伊水之濱的龍門，抬頭仰望、拾階而上，心跳節奏也隨著步履一步一步加快，直到終於痴立於巨佛的蓮座之下，與一千三百多年前就端然趺坐於此的佛顏照面。雖然並沒有更嚴謹的資料佐證盧舍那佛的形貌仿自武則天，但歷代以來，確有不少人對此深信不疑。

奉先寺開鑿於公元六七二年，歷時三年九個月完工，據說當時武則天曾捐助脂粉錢兩萬貫。從北魏孝文帝太和年間即開始經營的龍門石窟，在此後長達四百年間，營造出與大同雲岡石窟、敦煌莫高窟齊名的中國三大石窟藝術寶庫之一，如今雖規模猶在，卻由於人為的盜取破壞，以致佛雕石像斷頭殘臂比比皆是。在伊水兩岸的石窟佛雕羣中，屬於唐代的奉先寺九尊大石雕像，是留存下來較完整，也最具代表性的精絕之作，其中高達十七點一四公尺的本尊盧舍那大佛，相貌莊嚴端麗、慈和含威，的確，那是佛的法相；但，能作為前無古人、後無來者的中國唯一女皇帝，想來大約也該擁有如此的懾人氣勢。

踏進洛陽之後，可以深深感受到武則天這位一代女皇歷千載而彌勁的魅惑力。不只那高高在上的盧舍那佛日夜垂眉俯視，就連女皇帝當年吃過的「燕菜」，也變成如今洛陽水席的第一道主菜，燕菜者，其實就是白蘿蔔，這其間自然少不了穿鑿附會的一段傳說。再來看洛陽牡丹花，自古洛陽牡丹的豔麗即遠近馳名，而當年武后命令開花的傳奇，也依然在民間流傳不息。如今洛陽更把牡丹花視為對外招攬商機的最佳媒介，每年四月十五日至二十五日舉辦盛大的牡丹花會與燈會，藉賞花觀燈吸引大量遊客踵至，也同時洽商貿易，洛陽人使出「花為媒」的這一招，事實已證明的確是高明。

武則天巨大的身影，在西安就更加的明顯了。西安市的標幟大雁塔，原是唐高宗李治應玄奘奏請，在大慈恩寺內興建的一座藏經塔，主要是為保存三藏法師自國外帶回的大批佛經與佛像。有意思的是，最初建成的大雁塔高僅五層，卻因為使用的建材是土心磚，不到五十年塔就倒塌了；當時已登上帝位的武則天，向王公貴族徵集建塔費用，這回她把塔增高了一倍建成十層，而且改用實心青磚，於是這座塔長長久久地聳立於西安城和平門外，雖然也歷經戰火毀損，但總能在原來的架構上修建而保存至今。即便是建一座塔，武則天也要讓人瞧出還是她比較行啦！

武則天豈止是行，也著實夠狠。千載之後的今天，人們遊西安訪乾陵，參觀那幾座已挖掘的陪葬墓，仍不禁會為這個女人的心狠手辣打個寒顫。公元六八三年，唐高宗李治以五十五歲不算太老的年齡病逝，年長他四歲的皇后武氏，在七年後自命為聖神皇帝登上王位，並改國號為周；公元七0五年，已被迫還政給兒子李顯的她病逝洛陽，第二年與李治合葬在西安近郊的梁山，也就是乾陵。與丈夫葬在一處，是武則天的本意，也使這座帝陵，成為全世界唯一埋葬著一對夫妻皇帝的陵寢。

乾陵是武氏在生前親手規劃督建，營建期長達二十一年，可知其規模必不小，陪葬物必不少，但如今到乾陵的遊客，除了能看到她替李治歌功頌德的「述聖記碑」及那塊仍令人一頭霧水的無字碑外，也只有墓道兩側的石刻翁仲及六十個無頭的番酋石立像。因為就如秦始皇陵寢及其他不少帝陵一樣，乾陵尚未開挖，不僅因工程浩大，更主要的是考古學家對可能出土的大批寶貝迄無完善的保存良策。

乾陵東面分佈著十七座陪葬墓，其中五座已挖掘，雖說只是陪葬墓，但也出土了大量文物，其中尤以在章懷太子墓、懿德太子墓和永泰公主墓這三座墓中發現的墓道壁畫最是彌足珍貴，因為這些生動的壁畫正反映了唐代宮廷生活，對歷史與藝術的研究者都是無價瑰寶。

且來看看這幾座陪葬墓究竟埋的是什麼樣的人物。章懷太子李賢，是武則天與李治所生的次子，曾經立為太子，隨後被貶為庶人並流放到今天的四川，但最終仍逃不過被親生母親逼迫自殺的命運。懿德太子李重潤，是中宗李顯的長子，也就是武則天的長孫，他因為私議祖母私德而被杖殺。永泰公主李仙蕙，是李顯的第七個女兒，當然也是武則天的嫡親孫女，她同樣因為私下議論祖母私生活，與丈夫武延基同被杖殺，死時才十七歲並懷孕在身。至於武延基，則是武則天的親侄兒。這個女人毫不手軟地處置自己的骨肉，當她八十二高齡孤獨地在洛陽上陽宮彌留時，不知是否有過一絲絲的內疚。已經做了皇帝的李顯一直得等到母親去世後，才敢追謚哥哥及慘死的一子一女封號，並將他們陪葬乾陵。

西安一向乾燥少雨，偏偏在我們遊乾陵時風狂雨驟，一行人在無字碑前幾乎個個一身濕透，不免憶起前一天在華清池造訪楊貴妃時猶日麗風和，有人慨嘆地說：這兩個唐代名女人果然性情大不相同。

由臨潼兵馬俑博物館再轉回西安市，大家一致認為應勻半天時間，去看看那座由周恩來指定興建的陝西歷史博物館。十年前來過西安的周君說當年陝西博物館設在碑林之內，規模不大，也談不上現代化設備。

如今我們要參觀的陝西歷史博物館可大不相同，由梁思成關門女弟子張錦秋設計的這座仿唐建築，讓參觀者第一眼就對它的外觀留下良好印象。令人瞠目的是，被當作外賓引進門的我們，購買門票後，必需先穿過一座大商場才能進入博物館展覽廳，據説因為必需以館養館，館方才想出這樣的奇招。這又勾起我們先前在洛陽博物館不怎麼愉悦的經驗，入館參觀既要不到，也買不到有關該館的簡介，得在館內凌亂設置的商品櫃購買不相干的物品，售貨小妹才把它當贈品隨貨附送，而這些商品櫃出售的有食品、藥品、雜貨，也有來自別處的小工藝品，偏偏就是缺乏與館方典藏有關的文物複製品。

無論是洛陽博物館或陝西博物館，它們的典藏都絕對值得一看，尤其是陝博，這座於一九九一年六月在大雁塔附近建成的新館，由於受到中共中央的高度支持，單其園林式的建築本身就大有可觀之處，館內設施也多符現代化要求，是足以與陝西質量具豐的出土文物相得益彰。

但是，這樣一座有水準，又明知必能吸引境外遊客探訪的國家級博物館，卻別出心裁地把商場設在外賓入口的大廳，包括外籍人士及台胞，都得穿過拉客叫賣的陣仗才能登堂入室，這種經驗，也真比看到館內精絕的唐俑還更令外賓印象深刻。

古長安曾經十三朝建都，皇城的身影仍然處處定格顯現，秦兵馬俑、大量出土的歷代文物及保存完好的城牆之外，盛唐的舞樂也還原搬上了舞臺成為觀光資源之一。西安人無比自信地喊出：「要瞭解中國一百年的歷史，請到上海去；要瞭解中國一千年的歷史，請到北京去；要瞭解中國五千年的歷史，請到西安來。」

瞭解歷史的意義何在？鑑往知來。在世界其他三大古文明都在上一個千禧年即已陸續崩潰之後，中國文明仍然持續發展，綿延至今，足以驗證中國人涵納各種文化的高度包容性與韌性。日本今秋開始，在東京、橫濱兩地盛大舉辦包括埃及文明、美索不達米亞文明、印度文明及中國文明的「世界四大文明展」，中國文明展的主題即為：「與自然共生而衍生出眾多智慧的中國文明」。

在西安機場候機出境時，這幅標題竟然不斷地在眼前擴大。

母親的感謝

如果明天我即將揮別這個世界，對我的子女，究竟要留給他們什麼樣的道別詞呢？有時我會這樣想著。

父母的遺言，大多不外告知遺產多少與如何分配，人欠欠人的善後交待，以及對子女各人的期許。而我，一椽陋屋，別無恆產，平素又堅持我不欠人、人不欠我，至於各式情債原本難還，子女更是無力代償。

那麼期許呢？的確，子女的幸福與成就是每一位母親最大的惦記；然則在他們各自成長的過程中，不是已經叨唸的夠多了嗎？

參得破的人會認為：此時無聲勝有聲，但我畢竟平凡，難於脫俗。思索的最後結論是，我將向我的子女說一聲：謝謝你們了！

是的，我的確應感謝他們讓我有機會奉獻出身為女人天生的母性愛，感謝他們給我只有母親才有可能接受的各種挑戰，更得感謝他們給我的那些有淚、有笑，以及在笑與淚中不斷自我成長的日子。

對父母，我充滿感恩；對子女，我確實要感謝他們。

第三輯

牽緊妳們的手

一個取名為「新環境主婦聯盟」的團體，日前在台北市宣布成立，雖然國內早已有不少由婦女組成的社團，但這個以「主婦」標榜的婦女團體，顯然有相當不同的特色，它的存在意義尤其不容忽視。

誠如主婦聯盟主席徐慎恕女士所說：「家庭主婦是一股重要的社會資源，可以結合成有力的行動力量。」可惜，這股「資源」在以往一直未為主婦本身所發覺，也許並不是她們不曾發現，而是中國女性溫婉謙和的本質，使大家不免為了避鋒頭而不肯出頭，其結果便是長久處於觀望、容忍的地位，扮演著不被大社會重視的小角色。

如今，一向「謙卑」的家庭主婦，終於昂然走出廚房，堂堂正正亮出「主婦」的鮮明旗幟，聲言將為保護環境、關懷社會而去身體力行，這個舉動，著實值得社會大眾喝采。

主婦聯盟明白揭櫫她們成立的宗旨在——把環保觀念落實在日常生活中，包括主動進行垃圾分類、拒抽二手煙、分辨食品優劣・・・等等。她們的野心不算大，做法也頗為實際，譬如要求會員上街時自備購物袋，以避免過度使用塑膠袋而污染環境，即為一例。

主婦聯盟，可以說是主婦自覺為現代社會人的一項具體行動，而這無疑的是國內婦女教育程度普遍提高的重要成果之一。學識之於婦女，原不只在讓她能用所學直接回饋社會，即使她只是單純的人妻、人母，教育給予的滋潤，同樣有助於她去為建立更美好的生存環境奉獻力量。

然則，在欣見主婦聯盟成立之餘，吾人亦不免有幾點寄望，其一，希望這個不為名、不為利而組成的團體，能持久為環保努力不懈，切勿貽人「五分鐘熱度」之譏。

其次，不管是環境保護的觀念，或消費的正確態度，乃至修身、齊家的良好心得，都必須在平常不斷透過各種媒介，去「教育」其他諸多茫然的婦女姐妹，而究竟應該如何伸出觸角，主婦聯盟宜有經常性的作業計畫與執行目標。

當然，最重要的，還希望這個目前只有百餘名會員的團體，能迅速獲得更多主婦共鳴，由台北的點擴展到整個台灣地區的面，讓所有具良知、有見識的主婦們大家一起來，為更好的明天攜手努力。

何來雅賊

高雄市發生一樁美術展覽品在會場遺失的案件，因屬破天荒第一遭，馬上成了新聞，有些人且於意外之餘，以「高雄市竟有雅賊」聊以解嘲。

賊而曰「雅」，難免帶有幾許寬貸意味，但在法律上，對賊的論定，原是不分雅俗的，這一點認知，卻不容大眾忽略，才不致因偏差的心理，使作賊的沾沾自喜，甚而鼓勵來茲。

法界人士指出：藝術創作，不論它是重重一堆泥，或薄薄一張紙，都成立民法第六十七條的「動產」要素，因此，非經所有者同意而來個不告而取，當然構成刑法第三百二十條的竊盜罪，可以科處五年以下有期徒刑、拘役或五百元以下罰金。

更進一步言，失竊的藝術品既是贓物，則收購的人或收藏的人，也自然成立贓物罪，刑法上對收受贓物者可是頂不客氣的，法官最嚴厲可以判他三年有期徒刑。當然，收贓，有時是出於無知，像藝術品在台灣的交易尚少附有保證書，買者很難認定來路是不是正當，因此，這項贓物是否有名氣，是否為眾所週知，亦是構成贓物罪的要件，對這一點，法官必須有旁證，是不可主動認定的。

不過，像這一次在高雄市立社教館失竊的「斷片之謎」，收藏者是很難以「不知者不罪」來逃脫收贓罪嫌的了，誠如一位資深檢察官說的：「各報都登了，連照片都刊登那麼大，說不知道東西是偷的，誰信？」

有關民事上的賠償，也是有「雅興」偷藝術品的人所應注意的。法界人士指出，藝術品本身就沒有公訂價格，也沒有一定的標準可參考，一旦作賊的被查獲，而不幸被竊的藝術品已受損或無法追回，則被害人之求償，完全是主觀認定，很可能會讓被告吃不消而悔不當初。

偷畫，一向被認為行為不脫風雅，而以「雅賊」稱之，這正如把「臭包」叫做「紅包」，讓人容易輕忽了它的罪惡性，實則，站在創作者的立場，偷去他的精心傑作，就好像綁走他的親生骨肉一樣，椎心之痛，是可以體會的，像這次丟畫的旅美畫家楊熾宏，為失畫而幾度落淚，就是一例證。或許有人會問，既然這麼珍貴，為何要賣？殊不知，藝術創作也須要知音，幾乎每一位藝術家在作品被購藏後，均詳記去處，知道自己「兒女」安藏何處，這與被竊，從此下落不明，自是截然不同的。

偷竊，原本是下三濫之事，因此「雅賊」之名，實可以休矣！

法官之威

高雄地方法院院長李志青先生，去年到任以後，曾力圖改變一些積習，以促進社會大眾對司法單位的認同，例如要法官在問案時，對當事人加上「先生」、「小姐」、「女士」的稱謂，藉以提高當事人的自尊心，這實在是個很好的主張。

可惜這項要求並未能貫徹，法官們多半仍然我行我素。據說：法官們不願對當事人過份「禮遇」的原因，是怕損及法官的威嚴，故而多採取「不合作」的態度。

我們寧可認為這只是外界的揣測，如果法官真的認為喊當事人「先生」，就會失去威嚴的話，那便和專制時代「大老爺升堂」的心態，沒什麼分別了。

今天法官是有絕對威嚴的，君不見開庭之時，法官進入，庭丁都要高呼「起立」，庭內諸人一體立正致敬。在問話時，法官巍然而坐，當事人無論是原告、被告，乃至證人、律師都得站著回話，這就證明了法官在形式上已經是高高在上了，即使客氣一點，稱呼當事人一聲「先生」或「小姐」，相信亦不至於有失身份，相反的，法官果真能態度和藹地問案，說不定會有更多收穫，畢竟「四十大板」的時代已經過去，今天的被告，在沒有審判確定以前，他還是一個無罪之人，他的地位和法官也是對等的。

有人或許會說，法庭上逕稱「原告」、「被告」、「證人」，以至直呼姓名，已經成了習慣，一時恐怕難以調適。這又是一種托辭，我們知道：法官在法庭問案時，並未有法律規定一定要有某些特定的稱呼，是則法官呼叫原、被告時，在名字下面加兩個字，正足以顯示法官的修養，惠而不費，何樂不為？

法官的真正威嚴，不是建立在這些不關痛癢的小節上，而是要有清廉的操守和其心如秤的襟懷，如果在問案時心平氣和，判決時公正客觀，則自然是現代的「包青天」，當事人面對包青天，豈有不誠惶誠恐的道理？而包青天又叫了他一聲「先生」，他在受寵若驚之餘，又豈能不講出真心話來。

期待「呂錦花」

呂錦花何許人也？對現今三十歲以下年輕一輩的來説，這或是一個陌生的名字，但年紀在四十歲以上者，大約都曉得這位當年被尊稱為「養女之母」的傑出女性。

台灣光復初期，由於民間普遍重男輕女，認定女兒是賠錢貨，以致低層社會中盛行著把女兒送人，甚至賣掉的惡劣風氣。為人養女者，雖然也有際遇好的，但不堪者居多，其中被迫淪落風塵，充做養父母搖錢樹的不在少數。養女的嚴重問題，直到民國四、五十年間，才廣為社會注意，而呂錦花女士便是主動積極伸出援手，把許多養女從泥淖中拉出來的社會運動者。

呂錦花女士不是政府官員，但她一手成立的養女保護會，在被迫害的養女心目中，卻比警察司法單位更可靠、更有權威，因此，她們一旦想跳出火坑或遭遇其他困境，必先找上呂女士。當然，事實上是因為社會輿論與政府都做了養女保護會的有力後盾，但也不可否認，呂錦花女士個人有著極高的道德勇氣與過人膽識，她無懼於和惡勢力週旋，才能夠使養女充滿血淚的一頁歷史提早落幕。

再沒想到，社會風氣江河日下，人倫丕變，如今推稚女入火坑的，不再是養父母，而是生身父母。正風專案雷厲風行地展開後，警方一再查獲的案件，揭露了這種匪夷所思之事，並不是少數特殊個案，事實證明，十之八九的雛妓賣淫出於被迫，而造成她們悲慘命運的又多是親生父母。

在為人性的醜陋浩嘆之餘，我們不禁要懷念起呂錦花女士，因為，今天警方在查獲雛妓之後，正面臨不知如何進一步安置她們的窘境，這些可憐的女孩，寧可被關在拘留所裏，不願重落父母魔掌，她們心目中必也期盼著在這個社會中，有一個真正能「保護」她們的機構吧？

內政部警政署與社會司近期內將開會，研商雛妓的收留問題。值得社會大眾關注的是，迫女為娼的惡行，固然為法所不容，更且是對公序良俗、倫理道德的絕大諷刺，卻因為「親情」的掩飾、「親權」的憑藉，極易讓那些狗彘不如的父母得逞，單靠政府的力量，實很難有效防堵和做好善後工作，正因如此，社會的助力便非常重要，當年呂錦花與養女保護會，便是一面很好的鏡子。

愛河之舟

「愛河之舟」，聽來雅極！有人不免聯想到李清照那傳唱千古、載不動許多愁的舴艋舟。且慢想得如此詩意，否則就難免要失望了，因為這艘即將徜徉愛河的塑膠船，既不載詩情，亦不載閒愁，而乃專供撈取河中垃圾用的。

不過，根據環保局官員的說法，這艘垃圾船兼具觀光作用，因為它是東南亞國家中，唯一一艘河中的垃圾清運船。

撿撈垃圾供人欣賞，妙哉！這種觀光項目，可說既別緻又富「創意」。但亦不免讓高雄人興起一番杞人之憂，蓋這艘愛河之舟日日受臭氣薰陶、污泥濺染，會不會沒多久就被薰臭、污染，而成為觀光客中的港都「奇景」？

愛河的髒、臭、濁，是二十年來高雄人最引為恥的憾事！俟河之清，也是百萬市民念茲在茲的，可惜歷經多位市長，雖然每一位都在上任之初大拍胸脯，保證讓愛河恢復舊觀，卻個個在高升榮調之時，猶束手無措。

蘇南成市長年前抵高接掌市政之初，也曾誇下海口，承諾要讓市民重享愛河旖旎風光，並且還勾勒出一幅美麗的藍圖，其中最令人心嚮往之的，便是在河上設置遊河的畫舫。

前些時，一家民間業者已迫不及待地在河邊放下輕舟，提供情侶一溫愛河泛舟的美夢，卻因河水委實太臭、太髒而乏人問津。

雖然，愛河確已進行疏濬，甚至還傳出發現游魚的大新聞來，但走過河邊的人看到的仍是一淌污濁黑水，則也是不爭之事實。如今，「愛河之舟」將下水，環保局且標榜它不僅要擔任清潔工作，也將負起觀光任務——成為河上的優美一景，則明顯意味市政當局已有勇氣，讓人把欣賞的目光重新轉回愛河身上。

由於這樣，我們有理由興奮地期待，在短期間內可以再看到當年那條可供垂釣、可供泛舟的清澈愛河，也因為如此，我們欣見「愛河之舟」早日下水，希望經由它導航，在不久的將來，有更多的小舟欸乃於愛河。

天空微笑了嗎

詩是屬於文藝創作，一向被報紙登在副刊上，但最近高雄市環保局一位官員的一首新詩，卻同時出現在幾家報紙的新聞版上，其「不同凡響」，於此可見。這首題目叫「看！微笑的天空」的詩作，據記者報導，還是經由環保局局長林江山批示「對外發表」的，理由是「頗能代表環保工作者心聲」。

由於詩本身所表達的涵義向來比較含蓄，讀者的領略與詮釋也常各有不同，因此，這首詩是否真能讓人體會到環保人員的心聲，恐怕也是因人而異的了。不過，它的題目倒是明顯易懂，而又不免令人要為作者的高度幽默大加喝采。

高雄市的天空微笑了！這真是一條大好消息，難怪要在新聞版見報，然而，如果這「微笑」的象徵是指污染減少了，則相信有不少市民會以為：這位作詩的環保局官員倘如不是「愛説笑」，就是用了「反諷」筆法。

就在日前，中山大學文學院院長余光中因為受不了西子灣上空逼人的臭氣，憤而寫了一首「控訴一支煙囪」的詩，余教授的牢騷，倒是頗能反映今天高雄市許多居民的心聲。

環保局負責管制空氣污染的第一科官員，看了余教授的這番控訴後，心有所感，繼而詩興大發，也來和上一首，這原也不失為雅事，但如果藉詩發揮，硬要哄著市民：「看，憔悴的天空，再度展露微笑的面容」，則不免予人心虛矯作的感覺了。

在高雄市民眼裏，終年累月飽受落塵、懸浮微粒及廢氣等等污染的天空，長久以來一直便愁眉不展，那表情若勉強要說她是在笑，只怕也是欲語還休、無可奈何的苦笑吧！

當然，像防治空污這類公害，也不能單單指望環保單位，這原是一項必須大家一起來的工作，最近，台中縣民眾自動組成公害防治協會，是台灣第一個專為對抗公害成立的民間團體，對受盡「骯髒氣」的高雄市民，它應該具有啓示作用。

環保局官員請市民「看微笑的天空」，我們只能謝謝他這一番「安慰」的好意，但詩情畫意的想像畢竟無補於烏煙瘴氣的事實，我們唯有寄望：在民眾提高戒心、工廠掏出良心、環保局拿出決心的同心協力下，確切改善大高雄的現狀，讓天空真正再展歡顏，綻開微笑。

痴官美夢

夢想，是推動人類邁向「明天更好」的動力，這點應該是沒有疑問的，正因為人類曾經做過遨遊太虛、追風逐月的美夢，才會有今天的飛機、火箭、太空梭、人造衛星・・・等等。

蘇南成市長日前在一項公開演講中，也曾大談他的夢想，於私方面，他自稱雖已是「半百老翁」，但仍希望有一天能有機會與佳人花前月下，一逛愛河；於公方面，他則自承對高雄市建設存在甚多理想，並不在意旁人說他講大話、做美夢。

誠然，夢想在未曾實現之前，往往會遭到不敢苟同者斥為「狂妄」或「痴人說夢」，正因為如此，一般保守的人便容易遷就現狀、安於現實，如果他是一個從政者，就極易在施政上一味蕭規曹隨，但求平穩，不思突破，則談到建樹，自然也就十分有限了。

從種種跡象觀察，蘇南成市長不失為一位性情中人，尤其敢於做「夢」，正因此，固能由一個瓜棚下讀「三民主義」大受感動的中學生，終而美夢成真——踏上政壇成為萬眾矚目的政治人物。

就蘇市長前述的兩個夢想而言，雖然蘇市長已年逾半百，但要一圓琴瑟和諧的美夢，亦非難事，只要緣份到了，自可得遂所願，更何況，這原也是眾多市民一向對他的祝福。

至於對高雄市建設的種種夢想，則關係百萬市民之利害禍福，當然更是大家萬分關切的。

「從政者沒有美夢，沒有理想，可能有的成就就太少了」。蘇市長的這種體認，相信很多人會深有同感，不過，從政者的美夢，由於牽繫到許許多多人的福祉，在實現夢想的衝勁上及行動過程中，便尤需敬謹慎重，更需有臨淵履薄的操持，切切不可率性而為，一意孤行。

從政者越美好的夢想，越可能把國家社會帶向景象燦爛的未來；然則，在做夢的同時，必需保持清醒的大腦，尤其要配合清明的良知，要確定：促成這個夢想的實現，非為一己之私，非因好大喜功，而乃萬眾人羣之福，如此，套一句公文詞令：

「民眾幸甚！國家幸甚！」

獼猴哀歌

來自恒春半島的消息指出：獵戶對台灣獼猴的捕殺，十多年來並沒有因禁獵令而稍事收斂，而且誘捕的手法極為殘忍，常常先逮住自衛力薄弱的小猴子，藉此逼母猴現身就範。利用動物的母愛天性，以逞私慾，人類豈只是萬物之靈，更稱得起是萬物之「冷」！

日前，行政院文建會會同有關單位審定一批亟待保育的珍貴動植物，名單上，台灣獼猴赫然列為榜首；雖然這種認定或許來得嫌遲了些，但亡羊補牢，仍願能因此對這台灣獨有的動物，發揮真正的保護作用。

台灣獼猴亦即台灣的土猴子，是本島唯一品種的土產猴子，不過，根據動物學家考證，牠們的遠祖也是「唐山過台灣」——由中國大陸遷徙來的，那已是四萬多年以前的事，比現今台灣居民的祖先們可早來得多了。

原屬大陸品種的猴，經過長期演化，牠們的後裔脫胎換骨，變成了今天的台灣獼猴——只此一家，別無分號——在地球其他地方是找不到的，說牠們是「國寶」，並不為過。

可是，這樣的活寶貝，卻長久以來慘遭國人濫捕濫殺，幾至瀕臨滅種之境，即使在民國六十一年全面禁獵令正式公布之後，台灣獼猴依然未能就此躲過劫難，因為一般人深信猴腦、猴掌是珍饈，豈容牠們逍遙「肚」外？

對無所不吃的中國人來說，小自蟑螂、壁虎，大至巨蟒、猛虎，概皆可怡然入口，視若甘旨，而「吃心補心，吃腦補腦」的觀念更深植國人心裏。猴子其面如人，又特別聰慧，在人腦不可吃的情況下，猴腦自然獨沽一味，受到有腦待補者所徵逐。

據稱某省名菜中即有一道名聞遐邇的生吃猴腦，竟是把活生生的猴子牽到饕餮客面前，當眾破頭取腦，分而食之。在台灣雖未耳聞有這樣令人作嘔的吃法，但從不少山產店以出售猴腦、猴掌為號召，可證確有不少猴仔子葬身於牠們老表肚裏。

說人類是猴子的老表，並非自貶身價，以台灣獼猴來說，斯時斯地，牠便是除了人以外，唯一屬於哺乳綱靈長目的動物。遺憾的是，這點「遠親」關係，並沒有博得人類較多的照顧，在受到不斷捕殺之後，根據六十一年的調查統計，台灣全島的獼猴已銳減到一千隻以下，而禁獵令既然沒有能夠成為牠們的護身符，到如今，是增是減，難以作樂觀的揣度。

想當年，這些猴子的祖先離鄉背井，遠途跋涉（當時台灣與大陸在地理上仍緊密相連，尚未有一衣帶水之隔，因此還不必飄洋渡海），來到這片新天地，滿以為尋獲一處永久的樂土，沒想到後世子孫落得遁隱深山，猶不免於被宰被剮的惡運。

靈慧的台灣獼猴如果也唱起一曲「思想起」，想來必也感慨良深矣！

抬轎的，留神！

有這麼一個笑話：

女兒臨盆在即，躺在床上正猛使勁，偏偏小娃兒賴著不出來，在一旁照料的母親看得心焦，嘴裏乃不斷催促：「用勁！用勁！」結果，小孫子還沒落地，老外婆她自己卻因用勁過度，先脱腸了。

每逢選舉，這類「女兒生產，老娘脱腸」的事例特別多。許多是是非非、恩恩怨怨、風風雨雨未必完全是候選人有意惹出來的，卻甚多是助選者無端所掀起。按說既是替人抬轎，身份上總是配角，是襯托牡丹的綠葉，總不宜鋒頭搶過坐轎的主角才對，然則卻又不然，有不少替人抬轎者，在送佛上西天的路程中，硬是「忘了我是誰」。

回顧歷屆選舉，因替人助選而惹來一身恩怨，甚至吃上官司者，實不乏其人；遠的不說，在高雄地區就有個殷鑑不遠的事例，值得轎伕們借鏡的。在上次縣長競選時，高雄縣有位自詡「鐵漢」的地方人士，使出渾身解數替一位候選人抬轎，舌槍唇劍猶覺不足，竟在政見會上耍出真刀，當然也換來官司纏身。妙的是，這位替人兩肋插刀的「鐵漢」，如今要出來競選省議員，當年坐他轎的卻絲毫不念舊情，非但不反過來替他抬轎，還極力要拆他的轎呢！

「選舉無師父」，有人如是說。但事實上，十之八、九的候選人都不敢這般目中無「人」，因此，臨陣之前，必先拜師爺、聘軍師，網羅一大票智囊。

而凡是被視為理想轎伕者，在地方上即便不是呼風喚雨之輩，也必有么喝兩聲的能耐，否則未必能獲得青睞。

說來，替人抬轎並非壞事，就像為人作嫁的媒婆，幫忙接生的產婆，不是熱心的人還做不來。但，抬轎時，如何才能腳步不亂、腕力適中，卻也是一門學問。可不要別人生孩子，自己掙脫大腸，那才真是哭笑不得呢！

現代女性

美國「時代雜誌」駐東京記者康敦女士，旅日多年，對日本女性曾深入研究並著書論述，最近她接受日本一份英文週刊訪問，就現代的美國女性與日本女性不同點，作了別饒趣味的比較，她說：

美國婦女在早晨醒來時會問：「我快樂嗎？」如果答案是否定的，往往她會改個髮型、工作，甚或換個丈夫。而日本婦女一早睜開眼最先關心的則是：「丈夫還會供應足夠的生活費嗎？我還有棲身之處嗎？」

看了康敦女士的這段話，相信有不少人會不禁莞爾，覺得她把東西方女性生活態度上的差異，作了神來之筆的描述。當然，這種說法亦只是大體言之如此，並非百分之百準確。

以一名美國職業婦女的眼光，來看日本女性重視和諧穩定更甚於快樂的種種委曲求全，是很難以理解的，因此她以「落後半步」來論斷八十年代的日本婦女。

今天正逢國際婦女節，探查一下國內婦女同胞清晨醒來第一句自問的話是什麼，毋寧是相當有意思，也很有意義的問題。

雖然沒有搖旗吶喊、遊行示威，台灣女性仍然堪稱幸運，已逐步提高了社會地位，女權伸張不再是空洞的名詞。今天國內的婦女，無論接受教育、就業、從政，只要主觀條件允許，客觀的掣肘已減到極低的程度，因此各行各業的女強人日愈增多，聲勢之壯，甚至使男士們感受到威脅。

然則，婦女本身在扮演多重角色之時，也深深體會到仔肩沈重，絕不是以前那種只要遵循「三從四德」即可的弱女子能比。

在台灣，越來越多的婦女面臨廚房與辦公室（或工廠）必須兼顧的考驗，這些被稱為「粉紅領階級」的女性，有身為人妻、人母的自覺，又亟盼能發揮更大的個人作為，她們每天清晨醒來，固然不需太顧慮丈夫是否肯養活她們，想來亦無暇計算著一旦不順心就換個丈夫吧！

也許，我們可以大膽地作一個假設，八十年代的中國婦女，她們清晨睜開眼睛第一個關心的問題是：「怎樣扮演好自己擔任的諸多角色——賢妻、良母及其他種種・・・？」

事實亦證明中國女性的步伐一向是穩健的，不會落後那「半步」，也不致於跨得太前進。

機器人辦公

設想這是真的。

政府為了確實做到公事公辦，特為安置了一批機器人在各機關辦公，有人洽辦公事，這些公僕只需將老百姓要求的，與早先輸入的電腦方程式校對一下是否「於法有據」，即可給予准駁之答覆。

當然這不可能是真的，有趣的是，不少與公家單位打過交道的尋常百姓，卻確實常遇上這類「硬」得可以的公僕，讓人不免誤以為是碰到了機器人，也讓人不免對政府再三強調的便民措施興起懷疑。

俞國華院長日前在行政院院會中以實例見證：目前基層行政工作還有許多不夠便民的地方。他並指出：政府的政策不論如何正確，法令如何完備，如果在執行時，不夠熱誠，不夠便民，就失掉政策的意義。這番話講得十分沉痛，卻確是一針見血。

中國傳統社會長久標榜「情、理、法」，將情理放置在法之上，自不免「循情枉法」之事層出不窮，在講究法治的今天，這種觀念當然絕不可取，但「法、理、情」的社會，是以法為重，亦並非就全然棄情理於不顧。

如今，公務機關每因不便民而受詬病，便在於不少官員一味以「依法辦理」為擋箭牌，只要能找到一條依法可以不辦的理由，就盡可能袖手不管，而不肯在職權範圍與經驗能力所及，給予登門求助的老百姓指點迷津，協助他們找到適法可行的道路。

俞院長所舉的高雄市民許文生病歿卻拿不到死亡證明書一例，就是在這種情況下所造成。最令人不解的是，許文生的家人後來仍然拿到了衛生單位發給的死亡證明書，而其原來被拒的理由並未消失，唯一不同的只是多請了一位民意代表罷了。

這便又衍生出一個疑問來，難道所謂「公事公辦」，只是針對一般無權無勢的老百姓？而所謂「依法辦理」，這「法」也是有彈性的？但願這層疑慮，只是「小人之心」而已。

不過，俞院長所提「熱誠」二字，倒確是治療「不便民」此一痼疾的良方。試問：缺少一顆熱乎乎的心，則辦公桌的位子由人來坐或機器人來坐，又相去幾希？

文化孤寒

執政黨中央文工會主任宋楚瑜日前在與南部地區作家歡聚時，曾向與會的文藝界尖兵們殷殷致意，懇請他們發揮如椽之筆，在推動精緻文化上多發揮影響力，使我們的社會及早提昇到富而有禮的境界。

「精緻文化」、「富而有禮」，是近年不斷被有心人士提出的兩句號召，對一向自詡生長於文明古國、禮儀之邦的國人來說，實在極具諷刺，而明擺著的事實，已的確讓人不得不承認：今天我們所處的社會是籠罩在粗俗、無禮的氣氛下。

說國人粗俗，必有人瞪眼吹鬍地不以為然，他們會說：現在幾乎家家戶戶都擁有電視機，購置錄影機、鋼琴的人家亦比比皆是，出國觀光不再稀奇，無疑的，國人眼界已越來越寬，穿著打扮更是越來越摩登，怎麼可能粗俗呢？這話兒沒錯，可惜的是，外表皮相固然跟上了時代腳步，在物質享受方面足夠當得起「現代化」三字，但殼子雖美，卻華而不實，像個繡花枕頭。尤其在「速食」與「大眾化」的要求下，整個社會的文化層面，反而有流向粗糙的趨勢。

最明顯的是，一般大眾的文化取向幾已全然以娛樂為主，而不復重視它的內涵與深遠影響，於是乎，扭開電視機，愈是對白粗鄙、情節荒誕，不必經過大腦反芻的節目，愈是老少咸宜，收視率高；走進電影院，再難得發現有深度、有寓意的國片，就更遑論有血有肉、足以傳世之作。

另一個滑稽的現象是：大客廳裏擺設鋼琴的人家雖不在少數，演奏會裏聆賞的卻總是那有限的幾位；許多家長不吝花費地送幼年子女學習繪畫，卻絕少帶他們參觀畫展。金錢裝點出了許多家庭的派頭、闊氣，卻不曾真正充實這一代人與下一代人的精神領域。

在這種情況下，國人所涵蘊成的氣質反映在生活上，其態度便是不知「禮」為何物。此之所以，滿街衣冠楚楚的紳士仕女，卻交通混亂；名山勝水總不乏大堆廢棄物點綴，成為寶島觀光區的一大特色，其他如仿冒商標，以及盜錄、盜印等等，都公然為之，社會大眾亦欣然接納，並不以為錯、以為恥。

有人指稱今天我們已面臨一個文化的危機，稍肯用心者應可體會這並非危言聳聽。省府主席邱創煥在今年春節，曾對省民提出「均富」之後，邁向「均知」的期盼，何嘗不是有見於當前無「知」的人實在多矣！

經過三十多年胼手胝足，國人普遍已擺脫經濟上的寒傖，但倘若不能在精神上求充實，爭上游，則品味愈下、格調日低，即使是外貌鍍了一層金，在外人看來，只怕也仍舊是一羣「孤寒人」吧！

老美的人情味

根據國內資訊傳真電腦雜誌報導：美國電話電報公司因為裁員，最近花錢在全美各大報刊登廣告，主動為遣散的員工徵求新雇主。

看了這則消息，必有不少人為美國人的天真感到好笑，尤其是身為老闆者更可能譏之為冤大頭行逕，就像資訊傳真電腦雜誌所作的標題：「天下之大，無奇不有」，對國人來說，美國電話公司的此一舉措，的確是「鮮」極了。

不過，在稱奇、好笑之餘，也不免讓人為洋人的人情味擊節，若再往深一層去想，則更覺得人家一點兒也不天真，美國電話公司的執事者其人情練達、手段圓融，實在是妙不可言！

不管是肇因於全面的經濟不景氣，抑或資方本身的個別因素，裁員，必然不會是一項愉快的經驗。被請「走路」的員工，即使有資遣費可拿，但馬上面臨失業，這種處境總是難堪，在情緒上也就難免有不平衡的現象。

而無論是公營或民營企業，站在經營者的立場，裁員也必然有其不得已的苦衷，那一個老闆不希望生意越做越旺？養得起越多員工，自己才越神氣、越有光彩，這原是很淺顯的道理。既然遣散部分或全部員工乃情非得已，則總希望勞方能以諒解的態度接受這個事實。

且讓我們回頭來看看美國電話公司登在報上的廣告詞：「．．．本公司正值整頓期間，如果你需要優秀人才的話，我們的人事變革將帶給您許多機會．．．」。

這樣不卑不亢的話，正面肯定自己員工的能力，而且公開推荐，相信即使未必因此打動外人，至少也熨貼了被遣散者的心，進而對老東家減低不滿的情緒。

美國電話電報公司花了大筆廣告費，為遣散的員工找「頭路」，也許出於真心誠意，也可能只是做給被辭退者看，但不能否認的，它給人充滿溫馨的感覺，在緩和因裁員而可能造成的勞資對立上，是一著高招。

國內企業界近年來每有裁員行動時，常出現勞方心懷怨恚，四處陳情的情形，影響勞資雙方和諧。美國電話電報公司的高明作法，也許對身為老闆者能產生某種啓示。

餿水浮油

餿水，一名廚餘，顧名思義，便是發餿的菜飯，廚房裏撿剩丢棄的爛莖敗葉，在正常的情況下，它的最高效用，亦不外是賞給豬吃。

不過，「十年河東，十年河西」這種變遷，也應在餿水的身上，近十年來，就有部份的餿水提供了非比尋常的經濟效益，至少有人因它發了大財。

餿水浮油案爆發後，社會上一片「人心不古」的叫罵聲，靠餿水大撈「油水」的一批商人，也都陸續被捉將官裏去，但，餿水這向來被賤棄的廢物，竟能撈出厚厚的油來，並且大量回收，讓它再度送進人的肚裏去，這個事實，可說是妙不可言，不應只獲取一個「噁心」的評語了事。

這些「豬油矇了心」的商人，竟然讓他的同胞吃豬食，確實是其心可誅，其行當罰；但，說來，如果不是餿水上有那一層金光晃盪的浮油，這些人再是財迷心竅，也無能化腐朽為神奇吧？畢竟水變不出油來。

台灣的經濟發展，在國際上被視為奇蹟，而餿水能再提煉出油，可以說是奇蹟中的奇蹟，由此亦證明我們這兒的餿水「營養豐富」，已不只是剩飯爛菜了！

吃不完而倒掉的剩餘物資尚且有這麼多油水，那麼，吃到人肚子裏的，其數量之驚人，可以想像。

也因此，台灣各地的街頭，到處可見腦滿腸肥的人，挺著個凸出的肚皮，硬是一付「營養過剩」的模樣；另一方面，百貨公司家家均設「加大裝」專櫃，也是生意興隆。

油水吃進太多，吃不完的倒掉，久而久之也不覺得可惜，尤其是，在大餐廳裏擺闊的人越來越多，從餐廳後門去買菜尾的人越來越少，於是乎餿水不僅不「餿」，甚且撈得出大桶大桶的油來，這些油再度回流，雖然十分諷刺，卻也不算意外。

過去，中共曾宣傳我們台灣老百姓吃香蕉皮，其實大可不必費心去反擊，只要輕描淡寫反問一聲：我們的餿水都能提煉出沙拉油來，還有那一個生活水準高的國家，能夠做到這一點？

吳剛笑蠢

去年中秋節前，全國婦女界曾發起「不要讓嫦娥笑我們髒」活動，可惜，嫦娥小姐嬌滴滴的笑聲不夠力，今年主辦單位只有改請吳剛先生出面，希望借重他比較宏亮的聲音，起振聾發聵之效。

賞月是雅事，也只有我們中國人有此等雅興，了解個中情趣。不過，古今明月固然沒有兩樣，中秋翫月的浪漫色彩，卻有了顯著的不同。

古人賞月，重在一個「賞」字，因此要求賞心悅目，也特別講究情調。當年，唐玄宗與大學士們在八月中秋賞月吟唱，宮中原備有燈燭，只因有位大學士信口說道：「清光可愛，何用燈燭！」皇帝老爺即從善如流，撤去燈燭。

秉燭，尚嫌它「殺風景」，可見，月亮這個主題，是被翫賞者真正全神貫注的。

現代人賞月，可不甘於這麼單調，說它「多彩多姿、有聲有色」，恰是最佳寫照。在秋節來臨的半個月前，各百貨公司便已推出各式節禮專櫃，從香菇到香皂，舉凡吃的、用的，應有盡有，雖不知這等禮品與秋節何干，卻見購者趨之若鶩，使節前氣氛熱鬧非常。

及至十五夜，夕陽未褪，明月待升，但見各地風景區早已人潮湧至，大家爭佔有利位置，報紙一舖，瓜果、月餅、罐頭、飲料等等吃食傾袋而出。

嫦娥小姐、吳剛先生從廣寒宮探出頭來，正為這幅「狼吞虎嚥圖」目瞪口呆之時，忽聞「轟！」地一聲響，把他們嚇得趕緊縮回頭去，再定神一瞧，原來是人間少年嫌月亮太過平淡無奇，開始燃炮，放煙火來增添聲色。

時代果真不同了，古人賞月，常得珠玉佳句，傳唱後世；今人賞月，雖未必有詩，卻必然有事。不信，且看：

——近三、兩年，高雄市年年中秋夜都發生沖天炮傷人事件，有人甚至被傷及臉部而面目全非。

——為出外賞月，車輛爭道而致車禍頻仍。

——每個風景區在人潮退後，都成了垃圾場，比之颱風過境還要可觀。

雅事而竟弄到如此不堪的田地，讓嫦娥、吳剛見笑的，又豈只是「髒」而已？

關懷老爸

一種不大為民眾熟悉的石斛蘭，從今年起，將成為國產爸爸節的紀念花，台北市婦女會等單位所以看中這種昂貴的熱帶蘭花，據稱是因為「她」象徵高潔。

許多人都清楚，母親節是由美國輸入的「舶來品」，但少有人，尤其是年輕一輩者，知道八月八日父親節，是道道地地「土產」，而且曾經政府核定。

說起父親節的由來，其實意義非凡，並不是現在一般人認為的，只取「八八」諧音，隨便拿來湊數兒的。原來，在抗戰末期，局勢相當緊張，上海的一些士紳乃發起以八月八日為父親節的這項活動，表面上是宣導父子間重視固有倫常，骨子裏則暗寓心繫祖國的情懷。

抗戰勝利後，黨國元老吳稚暉先生認為此舉深具意義，不但有助於善良風氣的推展，更可發揚民族正氣，因此報請政府正式核定這個節日。

父親節倡行之初，也有人提議以梅花做為紀念花，以與母親節的康乃馨相媲美，但可能因八月間並非梅花綻放季節，當時又不流行乾燥花、紙花，因此，這項建議也就不了了之，而爸爸節在國人不太重視的情況下，也備受冷落。

近幾年，在商人層出不窮的促銷點子下，母親節、父親節倒是愈來愈熱門，加上一些社會團體大力湊興，積極地舉辦模範母親、模範父親表揚活動，又票選父親節配戴的花朵・・・凡此種種，均促使這兩個節日在國人心目中加重了份量。

不過，一年一度買些禮品巴結老媽、老爸，或請二老上趟館子，也只算是略表人子心意，相信平日裏的真心關切，才是最佳謝禮，但反觀現實社會裏的孝道淪落，卻不免令人心寒齒冷！

有例為證，父親節前夕，高雄縣大寮鄉一位七十四歲的張簡老先生，因為多吃了一餐早餐，便被子媳聯手揍得跪地求饒。近年，類此逆倫行徑屢見不鮮，對慶祝父親節實是極大諷刺。

對熱心推展父親節活動的社會賢達、各界人士，當務之急，也許並不是告訴大家：這一天該配戴什麼花，而是大聲疾呼——別忘了他是你的父親，請愛他！請關懷他！

「大丈夫」新解

何謂大丈夫？

孟老夫子的詮釋是：富貴不能淫，貧賤不能移，威武不能屈。台灣民間則有句流傳甚廣的俗語：「疼某大丈夫，打某豬狗牛。」易言之，大丈夫的美譽對懼內會會員乃當之無愧。

不過，在實施民主政治的社會裏，大丈夫的典型又另有模範，而這又往往因各人所持的價值標準不一樣，產生不同的大丈夫模式。

省議員林仙保與省政府民政廳長陳孟鈴，日前即各以打油詩，分別勾出他們心目中的大丈夫輪廓，不但別饒趣味，而且足供民眾作為參考。

林仙保議員曾歷經縣議員、省議員競選，這位選場老將的心得是「選舉真艱苦」，它的苦在於「無錢走無路」，其結果則是「當選大丈夫，落選豬狗牛」，言下不勝慨嘆，嘆的是——選風敗壞，世態炎涼！

陳孟鈴廳長也是選戰中的過來人，曾兩度為爭逐縣長寶座披掛上陣，參選的滋味，甘苦自知。他對選舉戰場上的「大丈夫」則又是另一番解釋，他認為：「買票當選豬狗牛，清白落選大丈夫。」

陳孟鈴的詼諧妙喻，不但使列席省議會的官員們哄堂大笑，報紙披露之後，更贏得不少民眾附掌叫好。

近年來，各種公職人員、民意代表競選，總有所謂「金牛」、「鑽石牛」者參與角逐，這「牛」，實則並不是什麼恭維的稱呼，蓋以不離畜牲行列也！妙的是，偏有不少被歸為「牛」輩者沾沾自喜，而旁人更是艷羨之至。

在今天這個精明人不少，糊塗蛋不多的社會裏，要以鈔票換得選票，擔當的風險已愈來愈大，一旦以票易票的算盤打錯了，敗下陣來，甚或吃官司，固然是「豬八戒照鏡子」，即便買票當選了，也「牛」形畢露，這一輩子也就休想再脫穎出來堂堂做人了，當然更遑論成為選民心目中的「大丈夫」。

選季又將屆臨，眾多準備參戰的英雄好漢們，對陳孟鈴的大丈夫新解，實宜參酌再三，奉為圭臬，以免誤蹈「豬狗牛」的欄圈。

姑慈媳賢

旅美學人陳良博博士因為發現治癌物質,引起美國醫學界廣泛矚目,並譽為「本世紀抗癌研究最大突破」。消息越洋傳來,國人深感與有榮焉,他的高堂陳愛珠女士當然更加興奮,但令人意外的是,陳女士絲毫不以教子有方而自喜,卻把功勞推在媳婦身上。

在宜蘭縣羅東鎮辦托兒所的陳女士,向新聞界表示:陳良博能有今天的成就,與娶到賢妻有很大關係。原來,陳良博結婚時,尚在麻省理工學院攻讀博士課程,他的夫人張鈴惠為助夫婿早日獲得學位,毅然放棄深造機會,就近工作以便於照顧和協助。

所謂「癩痢頭兒子自己的好」,世上有不少母親都能以自己生的兒子為傲,何況像陳良博這樣爭氣的「龍子」?但肯把兒子的成就歸功於媳婦內助有功者,實不多見。也因此,陳愛珠女士公開彰揚媳婦的這番話,便予人有空谷足音的清新感。

「每個成功的男人，背後都有一個女人。」這是為大家所熟悉的話，而這個女人，通常指的是那個成功男人的妻子，其實，此種認定應該說只對了一半。

不久之前，載譽歸來的王贛駿博士曾經對這句話作了新詮釋，他認為：走在前面的那個女人對他的影響更不可忽視。王博士對慈母的這樣推崇，外人不宜視為泛泛之詞，而其中確有發人深省之涵義。

即以陳良博教授來說，他於台大畢業後赴美留學，在此之前，對他鼓勵鞭策最力的，當不是他後來的終身伴侶，而是他的母親——從小到大一直在前頭為他引路的女人。

在兒子出人頭地之後，陳愛珠女士卻一點也不矜誇自己生養教育的劬勞與心血，更不以「嫁雞隨雞」的凡俗觀念視媳婦對家庭的奉獻為理所當然，而將一切榮耀歸於賢媳，充分顯示一個好婆婆了不起的風範。

自古以來，婆媳不睦幾已成為「慣例」，多少家庭糾紛與悲劇，導源於此一「兩個女人的戰爭」，即使到今天，慈姑賢媳，仍是好人好事表揚的對象之一，便因為實在是太罕見了。於此情況下，愈讓人感到陳愛珠女士的可敬與可愛。

實現飄香夢

巴黎香水世所聞名，也為法國帶來可觀的外匯。在四季鮮花不輟的寶島台灣，生產香水，按說有絶佳的主觀條件，為什麼不能向花都看齊呢？省農林廳最近福至心靈，終於有了這個「美麗」的計畫。

農林廳所屬的林業試驗所，已決定展開用花卉提煉香料的研究工作，希望在不久的將來，國內也能大量製造高級香水和化粧品，提供內外銷。

台灣的氣候好，是栽培花卉的天然溫室，加以中部地區和嘉南平原土壤肥沃、水源充沛，這種天時地利，每每讓來自「花卉王國」荷蘭的花商稱羨不已。十多年來，台灣的鮮花外銷，也著實為此間花農賺進一筆不小的財富，尤其大量銷往東瀛的菊花備受寵愛，使我國花卉外銷有過一段黃金歲月。

但好景不常，日本在琉球島上推廣菊花栽作，今年已宣告豐收，對台灣鮮花自然「胃納欠佳」，這供與需之間便遽爾失調，花農因此大受打擊，嘉義地區的花農在無法可想之下，甚至將大遍花卉掩埋充做肥料。好花鮮妍無人賞，猶在枝頭化春泥！花農真的欲哭無淚，然而又該怪誰？

就像香蕉輸出一樣，我國鮮花外銷，也一直以輸日為大宗，其次才是香港及東南亞，受日本牽制之大，可以想像。花卉外銷為了保鮮，以往基於空運費用昂貴之考慮，短程距離的顧客自然得全力爭取；但自從海運貨櫃保鮮法被證明可行之後，這層顧慮已降低不少，拓展亞洲以外的市場，實已刻不容緩。

如今，在喊出「精緻農業」的口號之時，省農林廳想到了在花卉上進一步動腦筋，要利用鮮花提煉香料，只要技術上有把握，則鮮花栽作必將更有可為，對花農無疑是一大福音。

香料的用途極廣，不僅製造香水、化粧品、香皂等少它不得，即一般食品、飲料也用得著它，比較純供欣賞的鮮花本身，自有更廣的銷路，而目前台灣的香料幾乎均仰賴進口，當然談不上外銷。

但願林業試驗所早日完成研究，提供卓越的技術，使福爾摩沙香水也能飄香於世界各地，成為寶島吃「香」的外銷品之一。

有意義的一課

美國大教育家杜威標榜的「生活即教育，教育即生活」，一直為國內教育學者奉為圭臬，但說歸說，做歸做，在升學主義所向披靡的情況下，日常生活中許許多多須要「教育」的，青少年很可能在學校裏是一點也沒學到。

不過，最近在馬公鎮的中正國中，倒出現了一樁活生生的「生活教育」，不僅構想別開生面，而且極富啓發性。

本月十日是星期一，依規定各中等學校每週一上午必須舉行週會，而中正國中的全體男女學生，就在這一天的週會上，目睹一幕簡單、隆重的結婚典禮，也同時接受了一場生動、難忘的國民禮儀示範。

該校老師謝迺岳和他的新娘子是這場「示範」的男女主角，謝老師把結婚儀式帶到課堂上，適時的施行了一次機會教育，用心獨到。

根據報導，當天禮堂的佈置很簡單，除了大「囍」字外，就只有鮮花點綴，並由中正國中的樂隊為結婚進行曲奏樂，因此這項婚禮的花費十分節省。

結婚，本來是個人私事，犯不著勞師動眾，但事實上，紅帖子滿天飛、喜筵大擺流水席，已是目前社會積重難返的病態之一。從小跟著大人吃慣了喜酒的年輕一代，很可能在耳濡目染下，把這種不正常視為正常。

尤其令人啼笑皆非的，在一些民風比較淳樸的鄉間，竟還流行在喜宴上安排餘興節目，甚至有脱衣舞表演，使莊嚴神聖的婚禮變成了十足鬧劇。

近年來，結婚儀式的花樣也越來越多，潛水結婚、跳傘結婚、登山結婚……等等不一而足。其實，這些形式雖然別緻、花梢，但根據法界人士的解説，如果兩個從水裏冒出頭來，或由空而降的男女，他們忘了鄭而重之宣告——我倆將從此結為夫婦——則這個儀式等於一場表演，根本不生效力。

因此，從嚴肅、謹慎的觀點看，結婚儀式還是「規矩」一點兒好，畢竟，婚姻本身就是嚴肅而值得謹慎的。

因此，謝迺岳老師用「現身説法」的方式，以國民禮儀須知作範本，給全校學生上了一堂「正確婚禮」的課，意義深遠。

諸神和平共「處」

高雄市旗津區中興商港區遷村，因基於土地使用的考慮，有四座佛教與道教廟宇乃協定合建成一座觀光廟宇。一向壁壘分明的宗教界，能突破藩籬，有如此進步、開明的做法，值得喝采。

台灣民間對神靈的信仰，不僅虔誠，實則已稱得上狂熱，每年媽祖進香、中元普渡時的盛況，用「如醉如癡」來形容信徒絕不為過。而平常大廟小祠也多半油錢不虞匱乏，雖然不是每座廟都香火鼎盛，但至少還沒聽說過有維持不下去而宣告「打烊」的。

有趣的是：民眾儘管逢神必拜，叩頭如搗蒜，絕大多數的善男信女卻因為缺乏宗教知識，並不知道拜的是何方神聖，即或知道神祇的尊稱，也很少人說得出祂的來歷，這種情形，在很多廟裏，連廟祝都不例外。

曾經在政治大學教民族社會學的阮昌銳教授即指出：信徒常將佛教的「佛」與

道教的「神」混為一談，而這種神佛不分，正是台灣民間信仰的獨具特色。

更妙的，在這裏的神靈，其職務是可「應眾要求」而隨時變易的。阮昌銳教授就說過這樣的趣譚：地藏王是幽冥之神、王爺是瘟神，但台灣民間信徒卻不乏向祂們求子嗣、問婚姻，甚至乞尋失物的。

正因為民間對神靈膜拜的熱誠，並未因科學昌明、科技發達而相對減低，在這彈丸之地的島上，根據調查，民國四十八年全台寺廟是四千二百二十座，而目前已增到一萬六千多座。家居原應在仙鄉的神佛，在凡間的「別墅」可也佔去了相當可觀的土地面積。

多年前，台中市出現一所私人建的廟宇，不僅供奉釋迦牟尼佛、玉皇大帝，而且還有至聖先師孔子和國父孫中山先生。雖為識者斥為荒謬，但該廟卻一直信徒絡繹不絕，一柱香拜盡儒釋道諸神，何樂不為。

旗津區這四座廟宇，在市政府建議下從善如流，決定合而為一，非只解決了土地難覓的問題，對諸神皆信仰的民眾更給予不少便利。尤其是，「大同世界」的理想能率先在神界實現，不亦善哉！

嗨，妳被搶過嗎？

這個年頭，假如你是高雄居民，尤其又是女性的話，竟然沒有當街被搶的經驗，那，妳就太遜了！

這話不是我說的，是幾位被搶過的朋友一致的看法。可別以為我交遊有多廣闊，竟至於遭搶朋友滿天下，只是不知從何時開始，搶瘟蔓延高雄，老朋友一碰面的招呼不再是：「近來好嗎？」而是「近來可曾被搶？」

我的被搶經驗，經同災（不是同儕）評定為「普級」，卻也夠我心悸半輩子了。下班吃完自助餐，有老公陪伴，走的是燈火燦爛的大路，自忖衣著既不光鮮，手拿的更是老舊公事皮包，這樣會遭搶？真是愛說笑！可不，笑話就在剎那間發生。

遇搶後，我常揶揄咱那位身高一七六、體重八十三，常自詡啥場面沒見識過的另一半：真是大酷呆！

一個保鏢不夠看，再加兩個如何？那請看咱朋友提供的另一則非笑話。她爹加晚宴後，同席男士有鑒於搶風太盛，提議要護花，結果是三龍陪一鳳。才推開飯店大門沒走幾步，一輛機車疾馳而過，硬是衝開陣仗掠走女士肩上的皮包，還把她拖倒在地受了傷。讓這幾位男士真有夠嗆！

被搶不再是大新聞了。一位記者朋友提醒我：妳沒看到現在都是好幾樁搶案併做一條上報，而且標題肯定不顯眼。說的也是，咱高雄曾經流行一句名言：「在高雄站下車的旅客別忘了穿防彈衣」。曾幾何時，已悄悄地又附加一句：「到高雄的女客請緊緊抓住妳的皮包」。這，妳不可不知。

第四輯

人生道上大雅正音

清晨，在寧靜的四維路上，常可看到一位氣定神閒、雍容和煦的老先生獨個兒漫步。和一般做晨間運動者大不相同的是，他開朗的眼神，時而閃爍，時而凝住，彷彿聽見了什麼。是的，他著實正在聆聽天籟，也許是微風拂過樹梢，也許是鳥雀的一聲啁啾，更也許是露珠輕墜地面的聲息，別人可能根本毫未察覺，但他都以聽音為樂的心耳，一一領略到了。

他是誰？和他擦身而過的晨跑者，多半並不知道，這位老先生就是被推崇為國寶的音樂大師黃友棣，他做的曲「杜鵑花」、編的曲「高山青」，在國內，正是「凡有井水處，皆能歌之」。

定居高雄

今年七月間，久住香港的友棣先生悄悄回國定居，他選定有「文化沙漠」之譏的高雄市做為歸根處所，讓港台兩地諸多好友均深感納悶，只有在美國的三個女兒稍覺寬慰，因為忖度這樣一來，老父大概可以減少些勞心的活動，做一個清閒隱士了。可是，身為一個大師，即使已居高齡，豈是那麼容易就被放過的。

三個月來，踵門投刺，要求指教的人不少，更多的是拿著詞作，透過各種管道去請他惠予配曲。對這些干擾，一向處事寬厚的友棣先生並不以為忤，但卻急壞了關切他身體健康的幾位親近友人和弟子，他們不得不扮起「黑臉」，出面替他擋駕。

以往友棣先生每回應邀回國講學或參加活動，總有友人策動他回來定居，而且熱心地要替他找房子，大家都理所當然的以為藝術氣氛比較濃厚的台北市最理想，連台中市也因有「文化城」之譽，或可考慮。然而，誰也未料到，友棣先生最後卻選擇了高雄市做為他定居的地方。

問他為什麼看中高雄，他的答覆卻是一派的雲淡風清：「這裡好啊！」怎麼個好法呢？他說：「天氣好，人好，地方好。」

作曲著書

在「這麼好」的地方，友棣先生卻並不真是來頤養天年的。除了清晨散步，以及極少的時間花在料理民生問題之外，絕大部分的時間，仍用在作曲、寫文章和看書之上。在高雄居住不到一百天裏，友棣先生又完成了四首新作，也著手在寫他的第八本書。

氣候好，確實是吸引友棣先生到高雄住的原因之一，因為近年他患了眼壓高的毛病，醫師建議他居住環境以氣候乾燥為宜，而他自從來高雄住後，也確實感到「視茫茫」的程度減低了。不過，他私下向友人透露，「人好」才是他捨北居南的最主要因素。在友棣先生的眼裏，高雄人淳樸得多，這裡的樂界也比較單純。

和友棣先生接觸過的人都有一個相近的感覺：他像一塊磁石。恂恂儒雅，即之也溫的風度，兼以言談幽默風趣，使原本就欽慕他的人，往往在交往之後更添一分敬愛之心。音樂界的後進大多視他如父、如師，他卻一律以弟妹稱呼。而不少忘年之交，更把他當作百科全書或「張老師」，不但於音樂方面質疑問難，還旁及其他。樂評家也是他的學生劉星就說：老師最大的缺點就是太有魅力，而且有問必答，有求必應，一點也不嫌費時傷神。

眾所周知，友棣先生是馳名國際的作曲家，而他的作品並不只是藝術瑰寶，只供少數音樂家玩賞，更為廣大羣眾所熱愛。他的作品如早期的「祖國戀」、「月光曲」、「杜鵑花」、「每事問」……，乃至較近期的「當晚霞滿天」、「遺忘」、「輕笑」、「海嶽中興頌」及秦孝儀作詞的「蔣公紀念歌」等等，都是大家深為熟悉的。

然則，很多人並不知道，這位音樂家是在大學畢業之後，為了「渡人」才跳進樂海之中，他在作曲上的不凡成就，於他個人來說，則更是「無心插柳柳成蔭」的意外結果。

與民國同庚的黃友棣教授，原籍廣東省南海縣人，出生於廣東省高要縣，童年卻因家鄉遭兵燹大半在廣州度過，初則就讀廣東高等師範附屬小學，又考進該校附屬中學，十七歲畢業後，考進中山大學預科文學組，兩年後直升文學院教育系，於民國二十三年畢業，然後即在南海縣第一中學任教。

寓教於樂

黃教授幼年家境不佳，當時的環境也不容許平常人家輕易接觸到樂器，他到十六歲才發現自己對小提琴演奏頗具興趣與才能。民國二十三年，他利用暑假期間，到香港考取了英國聖三一音樂院提琴高級證書，在初初為人師表的這段期間，他已深深體會到「寓教於樂」的重要，也是他決心從事樂教工作的發軔。

其後六年，他潛修深研，拜鋼琴家李玉葉為師，習鋼琴、理論、合奏；隨提琴名師多諾夫習提琴，同時埋首圖書館內，窮研有關文史哲學方面的典籍。很多人在閱讀友棣先生的文章後，驚異於這位作曲家寬闊的腹笥，為他旁徵博引、莊諧並陳的精妙文采所傾倒，卻不知道他曾經是多麼的用功過。

抗戰軍興，友棣先生應聘出任廣東省幹訓團音樂教官，其後曾先後任教於廣東省立藝術學院及師範學院，此期間，他以音樂報國，作了不少激勵人心的藝術歌曲，「杜鵑花」就是其中之一。迨大陸淪陷，友棣先生即遷居香港，執教於珠海書院。

留學羅馬

民國四十六年，已經是成名作曲家，又是音樂教授的黃友棣，竟毅然赴歐求師去也。那時他年已四十六歲，這個舉措，頗令同儕友輩深感費解，尤其他家境一向並不寬裕，出國留學還是舉債成行的。在義大利做了六年的老留學生，於五十二年獲得羅馬滿德藝術院作曲文憑後，友棣先生才又回到香港，應聘在珠海書院、香港音專等校，繼續他春風化雨的樂教工作，一直到今年七月決定回國定居高雄，才卸下教職。

提到自己從教育到習樂，又涉入創作的崎嶇心路，友棣先生曾有感人的譬喻。他不否認，當初在學小提琴時，只希望把自己訓練成為提琴演奏者，但不知不覺中越涉越深，乃因為：「現實的樂教工作把我絆著了！好比辛辛苦苦積一筆錢，想拿去購買華麗的衣服，使自己變成更漂亮，而眼看鄰家眾兒童正在飢寒交迫，求救無門，到底於心不忍，華麗的衣服放棄了，換取糧食和寒衣，救人要緊！」

於是，成為一個出色提琴家的願望，就在這種責任感驅使下，被音樂教育工作所取代了。然後，當他正熱心地想幫助聽眾進入音樂領域，以達教化目之時，又發現原來具民族色彩的樂曲最為眾人所喜好，而偏偏又最為缺乏，在這種情形下，他竟逼不得已走上了創作之路。「我原想助眾人渡江，送達音樂的彼岸；因為沒有船，不得不動手造船。因為要造船，乃發現沒有木材用，於是不得不種樹。」作曲對友棣先生而言，原是為「渡人」的。

這「種樹」的工作，卻是千辛萬苦，其中的諸般滋味又豈足為外人道？不過，友棣先生在遭逢困頓、打擊時，頗能以自我解嘲來化解種種難堪。他常告訴友人一件小時候頑皮的糗事，暗示自己對音樂終是執著不悔。小時候在鄉下，友棣先生常抓麻雀逗樂他的小妹妹，有一回卻誤抓到一條蛇，不但嚇哭了妹妹，也唬住了自己，但這抓蛇的新鮮經驗卻是歷久彌新的刺激，一輩子也忘不了，一輩子也沒有後悔過。這獻身於樂教工作，正是友棣先生誤抓到手，卻再也不想甩出去的一條靈蛇。

大師風範

被尊為「大師」，友棣先生常謙抑地表示不敢當。但環繞於他左右的門生故舊，對這一個「大」字卻於音樂成就的定位之外，有更廣的詮釋。和他經常合作的詞家何志浩將軍說他：「毀譽名利渾皆忘，天人物我同交泰」，他的學生劉星則推崇老師：「其作品可欽可感，其為人可愛可敬。」音樂大師除了在作曲方面有「大」成就之外，顯然他為人處世所抱持的寬闊襟懷，也為「大師」風範做了典型的註腳。

友棣先生對付噪音的態度，便充分讓人體會到他的「可愛」一面。話說四十多年前，當他還在廣東教書的時候，住在西樵山的院舍中，到山上旅遊的客人夜宿緊鄰，往往夜裏賭紙牌，大聲喧鬧，吵得他無法入眠，年輕的黃友棣倒也不發火，他乾脆閉目欣賞起那遍吵鬧聲，從各人不同的音色中去假設那是出於什麼樂器，把它當作一首樂隊合奏曲。從此以後，在飽受噪音污染的環境中，友棣先生便運用「萬物靜觀皆自得」的心情，去「聽音為樂」；認為這不失為美化人生的方法之一。

為了實現「音樂人生」的理想，友棣先生的創作便以「人生音樂」為鵠的。音樂離不開人生，音樂也不可以脫離民族性，這是友棣先生最堅持的觀點，他認為：「音樂是世界語言，但不能缺少民族性。沒有個性的音樂，流於平庸；沒有個性的民族，受人藐視。」

民國五十七年，友棣先生應國內包括教育部、文藝協會、音樂學會在內的九個文化機構聯合邀請，回國參加「音樂年」活動，展開巡迴演講，他提出「民族自尊心之重建」的主張，以及「音樂創作必須中國化同時現代化」的呼籲，給國內文化界帶來很大的震撼，回應也十分熱烈，中華學術院並特贈予哲士榮銜。

友棣先生當然是一個愛國者，他強烈的民族意識同樣流露在曲作裏。然而，他推崇中國音樂，卻絕非出於狹隘的民族觀或敝帚自珍的心理，而是在深刻了解中國音樂獨具的豐富內涵與優美特質之後，因知音所衍生的愛。「中國的音樂——歌頌自然，歌頌和諧與愛。這種生活音樂，可以與各種宗教音樂互相融合而不衝突。這是其他國家所沒有的。」中國音樂因為順應自然，重視人性，所以男歡女悅的民間情歌，聖人亦不排斥，孔子甚至讚美它們「思無邪」，令友棣先生深感可惜的是，後來儒者只談義理，遂使音樂與生活脫離，變成虛有其表的形式音樂，辜負了孔子正樂的意旨。

珍惜民歌

友棣先生不但珍惜民歌，甚至也包容流行歌曲，這在音樂家之中是極為罕見的。以臺灣山地民謠改編的「高山青」，以及取材新疆民歌的「站在銀色的月光下」，都是友棣先生為大家熟知的民歌作品。「民歌藝術化」一直是他努力的目標之一，為了使這個「樸素的鄉村姑娘」也能登上大雅之堂，他不惜替她縫製新衣新鞋，重新裝扮，一心只巴望灰姑娘變成公主，基於此一心願，歷年來，他曾為四十多首民歌編曲，而她們也確實紛紛躋身於藝術歌曲的殿堂。

至於被一般非正統音樂家側目菲薄的流行歌曲，友棣先生另有獨到之見，他甚至表示應該感謝這個音樂家庭中的老么，因為小老么雖不規矩，卻偏偏最有人緣，能夠把廣大的羣眾引領到音樂家庭的大門口。

友棣先生也把流行歌曲比作「老虎」，對這頭猛虎，與其效武松一拳將它打死，何如學玄壇將它收為坐騎。他的這個見解，在音樂界，固然有不以為然的人譏為謬論，但也赢得不少和聲，推許為高論。

從事樂教五十多年，作曲超過兩百三十首（註）的友棣先生，因為堅決秉持「使用人人熟識的材料，去表達出人人所未識的境界」作為創作原則，故而他的作品一直是深入羣眾的，即使不熟悉樂理的人，也能隨著歌聲的羽翼登臨另一個清明、淨化的世界。他的創作理念，尤其深遠地影響後輩作曲者，許多人默默感謝著他。他自己的想法呢？

「五十餘年來，我從事樂教工作，只是力盡本份，以求心之所安。所寫的不過是無聲符號，全憑諸位弟妹為我翻成美麗的音樂，乃能與眾共享。」這是友棣先生為即將舉辦的一場作品發表會所準備的謝詞片段，有人認為：「太客氣了！」但他誠懇表示這是他由衷的心聲。

回到祖國定居，友棣先生自比是「重投慈母懷中」，他最近完成的四首作品中，其中一首是胡心靈先生作詞的「媽媽，您永遠年輕」，滿溢的感情，正好抒發了他的另一番懷抱。而「家國之愛」、「木棉頌」、「詩畫港都」，則更是專為斯地而作。

年事高，並不見得就是老，友棣先生尤其認為返國後的他，有新生之感，他詼諧地告訴友人：「現在子女長成，劫數已完，債務已了，以後多活著一年，便是多撈到一年，心裏已無俗物上的牽絆，精神上倍感輕鬆。」而他，唯願在今後每多「撈」得的一天裏，都能在音樂的大海邊撿到美麗的貝殼。

清晨散步

是的，每天清晨，當您在寬闊的四維路上，看到一位溫文儒雅的老先生正悠閒獨行，他臉上浮著若有所思的神情，時而出現微微的天真笑意，那麼，也許您就是遇到這位一輩子為美化世人心靈園地而從未歇止腳步的音樂大師——黃友棣先生了。

註：根據鋼琴家劉富美女士研究統計，黃友棣先生經編號的作品，到民國七十五年底止，計二百三十號，唯「所有團體歌曲、學校校歌概不列入，抗戰時期所作歌曲均不編號，只選出改編的列入編號，凡未出版的樂隊作品，鋼琴曲均未加入。」

壺中日月間—看「茶壺亮」的壺展

「茶壺亮」陳景亮用自己的作品品茶。

每一把壺的誕生，都必需是有生命的。抱持這樣的信念作壺，使陳景亮的壺在陶藝界像燈一樣，一盞一盞地亮了起來。

七十二年夏天，陳景亮帶著他創作的「懶人壺」、「搭蓋壺」、「玄機壺」，在高雄市陶友集亮相，這是他走泥後的首次個展，也是一次「亮不亮」大有關係的展出。樸拙自然的造型、巧妙的實用設計，以及那掩不住的土味，使他在這次個展後，成為陶藝界一顆乍亮的新星。

今年開春，阿亮帶著他歷年接生的「兒子」，從陽明山的陶寮傾巢而出，再度南下港都，而陶友集早已因支撐不下去關門大吉了，改業賣肉粽的陶友集主人胡天泰，乃安排他在中正文化中心台灣文物館展出。三月四日當天開展，一早上就人潮絡繹，使「當爐」的阿亮著實愣住了。

展覽會場正中擺著兩具風爐，爐上義氣壺正沸沸騰騰地大冒其氣，層層的參觀者捲心餅般地把阿亮和他的爐、壺捲在最裏層，有人切磋壺藝，也有人探討茶經，對阿亮，這些都是讓他最開心的話題。

在國立藝專美術科唸書時的陳景亮，何曾想到有一天自己竟擁有「茶壺亮」這樣的雅號！那時他一心只想當畫家，但撕去一張又一張的畫紙，阿亮不得不黯然擱筆，自承缺乏成為畫家的才情，而做一名畫匠，又是他所不屑的。

丟下畫筆，阿亮以茶澆胸中塊壘，塑泥排遣心中憂悶，卻在茶香、泥味交感中，一觔斗栽進了壺裏去，從此壺中日月長，竟再也不想爬出這個小天地。

提到壺，沒有人不馬上聯想到被推為「一品」的宜興紫砂壺，就因為宜興壺幾百年來一直是那樣搶風頭，很多人也理所當然地仿它、擬它，甚至無視於台灣陶土與宜興土截然不同的泥味，而不斷地製造著台灣的宜興壺。

對這種現象，陳景亮打從開始走泥，就很不以為然，他倒不是對宜興壺所享的盛譽不服氣，而是認為一味師古、仿古，即使做得再像、再巧，也不過陷在一個窠臼裏，是套著現成的模子印出來的，那是「製」壺，而不是「作」壺。

曾經有一段不短的日子，阿亮窩在鶯歌鎮的陶窯，跟著老師傅孜孜矻矻地學藝，從最基本的揉泥拉坯開始，但他決心重探造壺根源，甚至刻意避開宜興的夷坦大道，彷若從來不知世有金沙僧，曾有供春壺，朱泥紫砂的耀眼光芒也未曾在史頁留痕。

說起來是簡單的，做起來卻千辛萬苦！單單陶土一項，就讓不少陶藝家嚐到「眾裏尋他千百度」的滋味，而阿亮在遍踏泥濘之後，一捧苗栗土終得讓他攫住驀然回首的驚喜。對這捧鄉土，阿亮的評鑑是：「傲骨如玉、纖細如脂、秀器之神如天品」，或者是因為加進鄉情而更濃郁了斯土的芬芳吧！不過，苗栗土之適宜作陶，倒也是陶藝界公認的事實，它雖與宜興土的泥味相距甚遠，卻也別具風骨。

用台灣土作台灣壺，這是阿亮的心願。將近十年摸索淬練，在流、蓋、耳三件簡單的搭配上傾其心力，阿亮的斬獲幾已可用非同小可來形容。他的壺兼具實用與欣賞價值，所謂「理趣兼顧」，有幾樣設計，玄機奧妙，尤其讓愛壺者為之叫絕。

懶人壺是其一，他把壺紐孔口放大成漏斗狀，使這個原為空氣對流而設的小洞，兼具了注泉的功能，品茗者不須掀開壺蓋也可不斷注入沸水，這樣一來，不但在冷天裏可減少熱氣外洩，而且單手即能操作，便利懶人矣！搭壺蓋則勢將壺耳上搭，讓它不露痕跡地扣住壺蓋，藉此防止落蓋的意外。

東坡覓，覓什麼呢？原來阿亮從鬥茶高手的東坡居士身上找到了靈感，他把一彎提樑由壺的這一緣直落另一緣，注茶時，玉泉由開口的提樑末端直洩而出，從外貌觀，根本找不到壺嘴，阿亮認為這番設計，即使最愛使用提樑壺的東坡在世，也得尋尋覓覓一番，方得用茶哩！

女作家心岱曾說阿亮是以全付生命在作壺，這話被阿亮本人引為知音。光桿一個躲在陽明山陶寮裏，阿亮以行雲流水的心境作壺、養壺，卻又像母親孕育、生養孩子那般地專心一意，無怨無悔，當別的陶藝家一旦作壺成名就大宗燒製，讓學徒依樣仿造以多產多銷來獲利時，阿亮卻十分保守，他堅持一切自個兒來，從設計、揉泥、拉坯到入窯燒製，每一個過程都必需在自己的掌握下，絕不假手他人。他說：生孩子也能畫好模樣讓別人大批代造嗎？

正因為這樣，「茶壺亮」雖在壺藝界已經打出名氣，作品卻十分有限，對這，他可一點兒也不急。品茗、玩壺原屬雅事，沒有悠閒的心情，怎能體會個中真趣？作壺，尤其必需薈萃靈性，才能作出韻味深厚，值得品賞的壺來。

方寸之美話篆刻—兼介白濤老人個展

小小的一顆印章，含蘊了三千多年的中華文化。

遠在我國商、周時代，印璽便已在社會上通行，成為徵信的主要證物，秦、漢以後，更大為風行，官有官印、民有民章，官印代表了政令的權威，民章則代表了個人的信用。

歷經三千多年的演變，印章的價值仍在，用途卻已大量擴張，尤其是鈐之於書畫上的印章，已成為藝術品之一，合詩、書、畫三者，稱為「四妙」。

印章是我國極早的雕刻，四大發明之一的印刷術，有人推測其靈感便是來自印章，即因為印章在本質上也可以視之為「迷你印刷」。不過，從商、周延伸下來的璽印，一直是作為徵信之用，唐宋時期雖也出現以詩詞、佳句入印的印章，但並不多見，直到元朝，畫面上鈐上殷紅的朱印後，印章的藝術功能，才開始為藝術家普遍重視。

從秦漢到元朝，不管是銅鑄或玉碾的印，都是出於匠人之手，即使字由文人書寫，也需交工匠慢慢鑄碾完成，主要的是印材處理不易，使文人難以獨力施展。直到元末，以畫梅聞名的畫家王冕採用花乳石做印材，刻刀容易下手，一方印章，乃從篆文到雕刻，統由文人本身一手包辦，治印也自此昂然進入藝術的殿堂，到明清以迄民初，篆刻名家輩出，分白布朱各有一套，甚至躍出書、畫的牽絆，成為可以獨立欣賞的藝術。

探究篆刻成為藝術的主要原因，可以發現書畫上的需要仍居要素。唐、宋年間，畫家甚少在作品上簽名、鈐印的；元代以後，文人的水墨畫興起，為了在黑白畫面上增加一點顏色，朱紅的印章便是現成最好的調劑，尤其它的存在，往往又具有平衡畫面構圖的作用，這些無窮妙趣，促使文人對他日漸寵愛，作品上鈐印，甚至蓋上閒章，乃成為中國書畫的最大特色之一。

印章使用的材料很多，有玉、石、木、金、銀、銅、齒等，而以石材最為普遍。刻印有個專用名詞，稱之為「篆刻」，在古代，凡屬雕鐫之事都可以稱之為篆刻，但自秦代以後，官方明定刻印的字體是篆書，因而使「篆刻」一詞成為治印藝術的專門名詞，不再是雕刻的通稱了。

行家解釋「篆刻」這兩個字，是：「以篆書為基礎，利用雕刻手法，在印面表現疏密適宜，離合有度的藝術」。篆書之作為治印雕刻的字形，是因為篆書純以線條為主，筆畫平均、整齊，結構則方正、對稱、調和，兼具圖案性及美術性，易於作挪讓增減的調度，透過篆刻家高明的刀法，可以使雕刻出來的篆文，在方寸之間，呈現出各種不同的意境與風神。

清代以前，「篆刻」與「金石」不分，因為凡是篆刻家，均應通金石文字之學，但民初以後，學者認為篆刻應重藝術表現，金石則為考古之學，美術與學術的性質和範疇，應有分別，金石與篆刻逐漸分途。

中國明清以後的書畫家，多半會自行治印，晚近的趙之謙、吳昌碩、齊白石，都是個中高手，不僅皆能自己操刀，而且他們的篆刻和他們的書畫一樣，具有特殊的風格，真正是游刃有餘，自成一家。

小小一方印章，到了藝術家手裏，其「可觀」之處便不止於印面而已，連印側的邊款，也常常是圖文並茂，再加上印鈕的細琢精雕，印材本身的溫潤細膩、色彩繁複，它的功用發展至此，又豈止是提供徵信而已？它的藝術價值又豈止於書畫附庸罷了？

由於徵信須要，國人除了孩童之外，幾乎人人都有一印，甚至一人還不止於一兩方印章而已，篆刻店雖也到處設立，但藝術性的篆刻展卻極少見。七月十九日起廿四日止，在高雄市中正文化中心文物館舉行的白濤老人金石篆刻展，是近年來較具規模的一項篆刻展出，對市民倒是欣賞此一傳統藝術的難得機會。

白濤老人原名陳伯濤，早年在天津工商學院讀商學系，卻因為醉心藝術，終於排除萬難擺脫了數字的糾纏，轉學北平藝術專科，這時候是民國三十年，正值北平淪陷時期，書畫大師齊白石被迫擔任北平藝專掛名校長，卻一天也未到校。陳伯濤則乘這個機會，私下追隨白石老人五年之久，專學篆刻，因心無旁騖，收穫亦多。

陳伯濤於三十八年來台後，原在海軍服務，退役後轉任教職，公餘並治印以自遣，慕名求印者也不少，就這樣，三十多年來竟治印逾萬方。他陶醉在方寸天地之間，功力日深，近刻「國歌」全文、「十二生肖」全幅，刀法犀利峻跋、筆勢流暢宛轉，受到行家讚賞。

這一次個展是白濤老人治印四十年的首次，除了對自己游藝歷程作一番回顧之外，也兼紀念他的恩師齊白石，因此展出作品，除歷年「印存」及兩百多件傑作之外，並有一幅白石老人的刻印人物像，就是陳伯濤憑藉記憶所刻的。

中國瓷器再出發

今年十月中旬，由師大藝術系教授為主的一羣畫家，在高雄市聯展他們的彩瓷作品，因為展出地點是市立中正文化中心，依規定展品不作交易，但沒想到，觀賞者的反應異常熱烈，紛紛向承辦該項展覽的藝廊訂「貨」，結果有三分之一以上的作品，在展覽結束後成為私人收藏品。

這是國內首次舉辦的彩瓷聯展，而且高雄僅是巡迴展的第一站，竟能有如此驚人的迴響，連參展畫家們都深感意外。事實上，對他們來說，這些畫在瓷器上的畫，因為仍是試驗階段的作品，不見得件件滿意，因此很多人連款都未落，有些畫家雖具了名，卻沒有依慣例標明創作的年代。

說來，瓷器這項中國人的偉大發明，在世界上一直赫赫有名，洋人甚至認定「瓷」（China）才是最足以代表中國的東西。可是近代的中國瓷器，顯然已無復往昔的光彩，最值得深思的是：從晚清以來，瓷器除了一味的仿古，使淪入純工藝的範疇外，幾乎就看不出一丁點新貌。

我國瓷器，如以釉的發明使用為溯源，則甚至可遠溯到商代，而在長期的發展過程中，經歷了青瓷到白瓷，又從白瓷到彩瓷的幾個重要階段，不管是燒造的原料、技巧，乃至造型、釉色和裝飾，都有漸進的變革，歷代也大多有足以作為代表、足以引為傲的新瓷產品問世。

但，究竟什麼是二十世紀的中國瓷器？似乎未見有人認真去觸及這個問題過。在無盡的「思古幽情」中，「民國瓷器」在未來的中國藝術史上，只怕將留一頁空白。

師大的美術教授們，當初參與繪製瓷畫，只是一種興之所至，以及嘗試另一種作畫材料的心理而已，並沒有想到振興中國瓷器的這個大題目，但經過一年多的持續融入，再加上首次成果展示即告一鳴驚人，有心人乃認為這何嘗不是瓷器再出發的一個新契機？

在瓷胚上作畫，自然並非從今伊始，宋朝著名的磁州窯燒出的白地黑花瓷，即以生動的花鳥、人物、山水來裝飾附麗，廣受珍愛而風靡一時，時至現在，仍是國際藝術品拍賣市場上的寵兒。目前國內仿古瓷器，也不乏這類不落俗套的成品。

畫家執筆的深一層意義，除了提昇瓷器本身的藝術價值外，更重要的，毋寧是讓大眾把焦點重新投射在被冷落的瓷器身上吧！

當然，要振興中國瓷器，使能再度揚威於國際，僅僅靠這三、四十位美術教授與畫家的即興之作，是絕對談不上的。國內陶瓷業者如能擺脫粗製濫造，或仿古窠臼，在觀念上勇於創新；政府有關單位如行政院文建會再大力鼓吹、積極輔導，則這件為「民國瓷器」留下一頁青史的大業，才有端倪可見。

泥火燒出愛的圖騰—徐翠嶺為陶痴迷

面對徐翠嶺的陶藝作品，最直接的感受是心悸，那種全然外爍的感情，像七彩噴泉，更像熊熊升起的火焰，光與熱直逼心坎。

這是兩年前，在高雄市龍江藝文中心首次接觸到這位女陶藝家作品時的印象。那時，很為她在作品裡揉入的款款深情，以及奔放、明朗的風格所感動，唯一覺得缺憾的是：從作品的內涵，嗅不到一丁點中國味，隱隱約約的，反倒有些美洲印第安民族的色彩。

那一次在台北、台中、高雄的巡迴個展，是徐翠嶺赴美多年後首度回國公開作品，給國內陶藝界帶來一股清新的氣息，也帶來低溫釉陶的新訊息。她的作品引起廣泛注目，也引起些許爭議，激賞的人固然報以熱烈采聲，但也有人對她發表的創作技巧表示質疑。

主要的，還在於徐翠嶺使用的低溫燒製法，在國內並不普遍。為求質地細膩堅硬，敲擊硜然有聲，長久以來，高溫燒製法一直為國內陶藝家所偏愛，收藏者自然也就少有機會接觸到樂燒、煙燒這類低溫燒製的陶藝品。

民國七十三年夏天，徐翠嶺的「樂燒」成果，恰如巨石投海，在國內陶藝圈激起陣陣漣漪，這位當時才二十六歲的女陶藝家，以陶會友，也贏得不少「知音」，故宮博物院安排她介紹低溫釉陶的燒製技巧，台灣省教育廳也委請她編寫一冊指導小朋友玩陶的專輯。

雖然，那時她在美國西海岸藝術界已嶄露頭角，被推許為陶藝界傑出的新秀，但，她毋寧更在意國內藝術界對她的肯定，因此，在個展結束後，她決定以更多時間留在國內作陶，也傳播作陶的種子。永康鄉老家的住宅旁，徐翠嶺在慈母協助下，親手把自己的窯建了起來。

兩年後的今天，徐翠嶺再度以新作呈獻國人面前，她更加肯定自己對低溫釉燒的執著、對作陶的情深無悔，同時，也期盼給愛陶者帶來另一次驚喜。

四月十八日下午，獨個兒闖向中正文化中心台灣文物館，徐翠嶺陶藝展將在次日揭幕，台灣文物館的電梯門口貼著告示：「換展中，閒人勿進。」但為了先睹為快，我這個閒人仍然毫不客氣地登樓而去。

依舊是噴泉四射、火焰騰騰，那種光熱交織的強烈感，和兩年前並無二致，但這次的感受卻又顯然大有不同，細細品味下，發現徐翠嶺果真拿出了不一樣的東西來，它們散發出鄉土的草根性，在一百五十多件大大小小的作品裡，幾乎大部分都可以尋到本土民藝的脈絡。徐翠嶺的這種轉變，著實出人意料之外，因為「鄉土味」原來是她作品中最缺乏的一「味」。

在一塊作為壁飾的陶板之前。我佇立良久，圖案是蓮座上趺坐著盛裝雍容的古代命婦，身後有龍尾陪襯。它最吸引我的不是畫面流露的趣味性，而是一種似曾相識的親和感，端詳甚久，就是想不透何以眼熟心熱，最後經徐翠嶺自己道破，才恍然得知那是來自皮影戲偶的靈感。

而在「提籃」的系列作品中，徐翠嶺以十足現代感的表現手法，試圖點出中國古式提籃的特色，意象鮮明、準確，這種融古入今，又能推陳出新的創意，正好說明了藝術不受拘束於時空與形式的本質。

不僅是圖案、形制洋溢濃厚的鄉土味，即在技巧方面，也可以看出：徐翠嶺把中國水墨畫的留白、木雕工藝的虛實相襯等等，都巧妙地應用到她的陶作上了。

記得兩年前，蔡和壁先生評論徐翠嶺的作品時，曾經指出：「她把繪畫的特色在立體器物上借屍還魂。」對這番話，當時雖有同感，卻遠不如今天來得深切，在看完徐翠嶺這此展出的全部作品後，我深深感受到：她是用火焰當畫筆，而感情便是她的顏料。

徐翠嶺她自己又是怎麼說的呢？她自承：「我的作品沒有高深的學問或哲理，只是來自日常生活的點滴，以及喜、怒、哀、樂等情感。把感情詮釋於作品中，一直是我多年努力的目標。」

正因為徐翠嶺作陶的動機純粹只是抒發情感，當初她才會選擇一項缺乏商業價值的低溫陶作為燒製的目標，她重視的是這種低溫釉陶所呈現的柔和明麗，更能讓她暢所欲言。也正因為徐翠嶺把土當作抒情的工具，她在國內兩次個展，便充分提供了她作陶的心路歷程，明白標示出她向本土文化重投懷抱的軌跡。

要了解徐翠嶺的這種改變，必須先了解她的生長背景。她出生在台南縣永康鄉一個酷愛傳統藝術的家庭，祖父是銅像鑄匠，父親繼承衣缽後，更擴大經營，專做鑄銅藝品外銷，外祖父則是民藝品收藏家，她的母親自幼即受薰陶，對陶器、古董頗有心得。

徐翠嶺從小就是個愛幻想的女孩，思緒常寄於海闊天空，而落在滿紙塗鴉上，但她並不認為自己有繪畫天才，因此國中畢業後，她作了相當實際的抉擇，考進了台南家專攻讀廣告設計。

家專臨畢業時，十九歲的徐翠嶺卻發現：自己對純藝術的嚮往與日俱增，勢必無法專心鑽進商業性的廣告設計裡。她改弦易轍的心願，竟然獲得雙親極力支持，他們開明地讓她把嫁粧換成去見識外面世界的資本，就這樣，在民國六十八年，她到了美國。

赴美後，徐翠嶺先進加州大學主修綜合藝術，卻在偶然的機緣下，走上了作陶的不歸路。如今，她回憶第一次玩陶，臉上仍是抑不住的喜悅之情，認識陶藝對她而言，正是那種「眾裡尋他千百度，驀然回首，那人正在燈火闌珊處」的滿心狂喜。

民國七十二年，她在加州拉瓜那藝術學院陶瓷系畢業，取得學士位，畢業展時，這位來自東方的女學生，以十九件陶藝創作大出鋒頭。該院院長麥克朗哥在致詞時特別強調：「台灣每年輸出上億的貨品到美國，也輸出了這位天才。」

七十三年回國舉行個展，在一遍掌聲中，徐翠嶺卻悚然發現自己與本土文化嚴重脫節，她自問：在藝術領域裡，難道準備要做一株失根的蘭花？困惑中，她開始自省、沈思。

「年少無知時離開家鄉，是因為對西方文化的憧憬，今日返鄉，才知道自己的心靈是多麼渴望本土文化的滋潤。」

這番領悟，使徐翠嶺重作拾鄉的人。童年接觸過但已印象模糊的種種民藝品乃再度回到她的生活中，她不僅觀察它們、摩挲它們，更且用心研究。真正投入之後，她深深地為中國人那種講求飽滿、圓和的個性融入藝術中所反映出的柔情與光輝，不克自主的著迷了！因此，一系列新的創作中，乃有了充滿鄉土氣息的新風貌。

作陶八年，徐翠嶺已成為一個與窯談戀愛的女人，儘管不時被火焰灼傷手臂、腳跟，甚至燎燒眉、髮，但她依然愛至深處，無怨無悔，至於婚姻，他反倒淡淡地說：「隨緣吧！」

那一夜，我們「聽」相聲

儘管策劃主辦的新象活動中心對外宣稱：「這是一齣舞台劇」，但欣賞過的人，多半仍認定這是一場珠聯玉綴，道道地地的相聲表演。

那一夜，高雄中正文化中心至德堂擠滿了人，而且大部分是年輕人，當笑聲漸歇，李立羣與李國修下台一鞠躬後，散去的人羣中，有人說：「這不是戲嘛！」言下頗有上老當的意味。其實，「戲碼」寫得很清楚：「那一夜，我們『說』相聲」，只怪他抱著看「耍寶」的興緻來的。

雖然我不明白，為什麼這場演出的催生者賴聲川要一再強調：「別搞錯，這是一齣戲，而不是一夜的相聲表演。」然而，我仍要向他及那兩位表演者致謝與致敬，讓我能享受到這樣美好的一夜，完全忘我的跌落在說、學、逗、唱的詼諧氣圍裏，體會到屬於純中國式的幽默，更進而悟到我們原來也是很懂得幽默的民族。

戲劇不可能從幕啓到幕落，都維持高潮，只有相聲，它能從頭到尾，讓人一路的前仰後俯，但覺句句話兒都搔到心坎的癢處。難怪有人註解相聲，說它是喜劇的最高境界。

在兩個小時又廿分鐘表演中，李立羣與李國修給人的感覺，已不再是「綜藝一百」裏的寶貝蛋，也不只是大銀幕、小螢幕裡逗人哈哈一笑的甘草人物，他們是另兩個面目嶄新的相聲藝人。據說，李立羣和李國修都是在尋求演藝上的突破時，毅然接下這項挑戰的，而無疑的，他們作了一次成功的嘗試。相聲，對年輕一輩的人來說，已經快要變成歷史名詞了！僅有的印象，也止於節慶時電視特別節目裏的一個脫口秀，蜻蜓點水、浮光掠影似的倉促表演，往往是滑稽有餘，趣味不足，實在讓人看不出它的妙處來。

大約兩年前，對相聲頗有研究，本身又擅長此道的演員魏甦先生，以本名魏龍豪灌了一套相聲集錦的錄音帶，問世後，被知音者視為珍寶。但聽錄音帶與現場表演的欣賞，效果畢竟大不相同，因為「相聲」者也，原來就是相貌與聲音的組合表演，聲音的抑揚頓挫固然重要，說者的裝傻、充楞、打躬、作揖等等表情，更具有提示作用，使欣賞者更能產生共鳴，而融入表演者的情境之中。

而正當相聲愛好者為這項傳統藝術的沒落扼腕、無奈之時，竟然有三位年輕後輩，以初生之犢的姿態，闖進這個逐漸荒蕪的園地。更正確的說法是，他們發現了相聲是一項珍貴而又特殊的寶藏，值得把它挖掘出來，拂去塵埃，讓它再現光芒。

這三位年輕人便是賴聲川、李立羣、李國修，令人最為感動的是，他們都是才三十出頭的「台北人」，北平天橋的相聲曾經令許多人如醉如癡至今難忘，但在他們，壓根兒是陌生的玩意。

當然，這場表演，與過去一般傳統式的相聲，仍有很大的不同，在形式上，它有特殊的舞台及燈光設計，兩位表演者配合演出的時代背景而有各式的穿著及小道具，甚至採取在台上換裝的大膽嚐試。此外，在表演技巧方面，也傾向於戲劇的誇張。但是，這些包裝上的改變，只是更增添它的趣味性，基本上，觀賞者都能充分感受到那屬於相聲的特質——在巧辯岔說，戲鬧逗笑的背後，實則另有機鋒，寓莊於諧，足以讓人回味無窮，而不是笑過後就什麼都沒有了。

「那一夜，我們說相聲」，不管它被認為是舞台劇也好，是相聲表演也罷，至少，相聲已因它而再度成為大眾矚目的焦點。這也說明了一點，傳統藝術的價值，有賴於我們自己去肯定，不要輕易就認定那是「過氣」的，不再為現代人接受的。保存民族藝術，實在須要年輕一輩的藝術工作者具有高瞻遠矚的眼光，以及給傳統注入新生命的勇氣和膽識。

但願，有更多「那一夜」，讓國人欣賞到精彩的相聲。